분위기 있는 유머와
전략적 조크의 힘!!

Joke & Humor
조크   유머

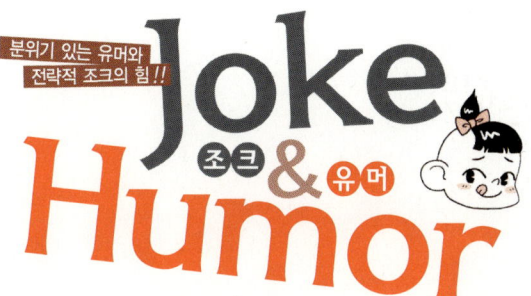

정해상 편저

예신 Books

머리말

　국어사전을 펼쳐 보니 유머(humor)는 해학, 익살, 품위있는 재담이라고 한다. 해학(諧謔)이란 무엇인가? 익살스러우면서 풍자적인 농담이 아닌가. 조크(joke) 역시 농담, 장난, 익살이다.
　어떻든, 잘 다듬어진 한 편의 조크는 무척 통쾌하다. 위선적 도덕이나 감성적인 휴머니즘, 형식적인 종교, 부패한 정치, 조크의 화살은 인간이 펼쳐 놓은 이와 같은 온갖 방벽을 표적으로 한다.

　조크는 편재하는 제악(諸惡)의 정황을 민감하게 반영한다. 그것은 인간의 잠재의식과 호응하며, 마음 속 깊이 잠재해 있는 울분, 공포, 염원이야말로 늘 조크의 핵심이고 주제(主題)였다.
　욕구 불만, 질투 등의 정염(情念)을 원동력으로 인간은 강력하고 파괴적인 조크와 유머를 수많이 탄생시켜 왔다. 그것은 미덕(美德)을 더럽히고, 양식을 야유하며 일체의 악법과 위선의 벽을 가볍게 뛰어 넘어, 인간과 인간사회의 어두운 측면을 용서 없이 파헤쳐 서민의 웃음을 탄생시켰다. 이것은 때로 사람의 마음을 맹렬하게 뒤흔들거나 과거, 심지어는 역사까지도 요동시키는 힘을 발휘하기도 했다.

　중국의 저명한 문필가이며 사상가인 루쉰(1881~1936)은 "인간은 누구나 살아 있는 한 그 가슴 속에 약간의 울분이 잠재해 있기 마련이며 웃음의 간판을 빌려 크게 하하하! 웃음으로 그것을 뱉어내고 싶을 때가 있다"고 했다. 그러면서 그는 "웃음은 어느 누구에게도 피해를 주지 않으며 만국의 법률에도 국민은 언제나 반듯이 찡그린 얼굴을 하고 살아야 한다는 규정은 없다"고 했다.

늘 웃고만 지낼 수 있다면 오죽이나 좋으련만 세상사가 어디 그리 순탄하기만 한가. 인간이 살아나가는 과정에는 온갖 장애와 시련이 지뢰처럼 깔려 있어 번뇌와 좌절을 곱씹게도 하니, 아마도 인간은 웃고 사는 날보다 찡그리고 사는 날이 더 많지 않나 생각된다.

큰 난관에 부딪쳐서도 웃음을 잃지 않고 신중하게 처신하는 사람이 있는가 하면, 조그마한 시련에도 어찌할 바 모르고 노심초사하는 사람이 있다. 저마다 타고난 성격 탓도 있겠지만 어무튼 명랑한 일상으로 어려움을 극복하여 거뜬히 재기하는 사람들을 보면, 웃음이 보약이란 말을 새삼 명심하게 된다.

돌연한 병마와 투병하면서 나 자신을 다스리기 위해 동서양의 여러 조크집을 읽기 시작했다. 그 중에서 우리 정서와 비교적 어울릴만한 것만 추려 엮은 것이 이 책이다. 삶이 고단한 사람들에게, 잠시나마 그 고단함에서 벗어나 작은 웃음이라도 전해 줄 수 있다면 하는 것이 내 소망이다. 행운을 빈다.

편저자

차 • 례

Part 1 부부 만화경

당연지사 · 10 / 아내의 초상화 · 12 / 기도 · 13 / 바람 · 14 / 다리 보자기 · 15 / 당번 · 16 / 승진 · 17 / 문 · 18 / 치수 · 20 / 의리 · 21 / 노름꾼 · 22 / 재혼 · 23 / 유학자 · 24 / 벼개 · 26 / 주공 · 27 / 두발 · 28 / 노인의 결혼 · 29 / 나도 사나이다 · 30 / 빨래 · 31 / 위풍당당 · 32 / 전족 냄새 · 33 / 신혼부부 · 34 / 키스 · 36 / 3남 · 37 / 세 번째 · 38 / 보쌈 · 39 / 안돼요 · 40 / 네 번째 · 41 / 간담 · 42 / 창자 · 44 / 입덧 · 45 / 종기치료 · 46 / 노부부 · 49 / 전당물 찾기 · 50 / 약방 · 52 / 진통 · 53 / 열어 말리기 · 54 / 알몸뚱이 · 56 / 땟거리 · 59 / 고양이 · 60 / 칠칠치 못한 남자 · 61 / 농담 · 62 / 품질 향상 · 63 / 약효는 증명된 셈 · 64 / 가정교사 · 66 / 대야 · 67 / 아들을 낳으려면 · 68 / 밑이 딱딱하구먼 · 69 / 사나이의 도리 · 70 / 첩 · 73

Part 2 서양 조크

돼지 새끼 · 76 / 점쟁이 · 77 / 암상어 · 78 / 행복 · 79 / 젊은 아내 · 80 / 쥐 · 81 / 환경 · 82 / 참고 견디기 · 83 / 남편의 계획 · 84 / 정의 · 86 / 야만인 · 87 / 당신의 것 · 88 / 뱀 · 89 / 제안 · 90 / 독설가 존슨 · 92

Part 3 창과 방패

성장 · 94 / 창과 방패 · 95 / 따라한 찌푸림 · 96 / 닭도둑 · 97 / 호랑이의 위세를 빌린 여우 · 98 / 조삼모사 · 100 / 기도 · 101 / 제인에게 일처 일첩 · 102 / 액(厄)막이 · 104 / 당번 · 106 / 태자 · 107 / 은신술 · 108 / 쌀자루 · 109 / 어부지리(漁夫之利) · 110 / 장화 · 112 / 꿈속 · 113 / 생명의 은인 · 114 / 도둑에게 부탁 · 115 / 증명서 · 116 / 뒤치다꺼리 · 117 / 현장 검증 · 118 / 꿈 · 119 / 빗장 · 120 / 귀한 손님 · 121 / 중매쟁이 · 122 / 느림보 · 123 / 급한 성질 · 124 / 건망증 · 126 / 아까운 술 · 127 / 이사 · 128 / 소도둑 · 129 / 대머리 · 130 / 급행 · 131 / 자루 속의 돈 · 132 / 최초의 소리 · 133 / 밭두렁 호미 · 134 / 뚝 잘라 절반으로 · 135 / 거울 · 136 / 만두 · 138 / 형설(螢雪) · 140

Part 4 인색가 군상

양어법 · 144 / 돈 자랑 · 145 / 강물 속 · 146 / 약속 · 147 / 바지 · 148 / 평판 · 149 / 흰 개미 · 150 / 닭이나 오리를 타고 · 151 / 초상화 · 152 / 맛내기 · 153 / 두부 반찬 · 154 / 특효약 · 155 / 양말 · 156 / 황소띠 · 157 / 토지신 · 158 / 교환 · 159

Part 5 이런사람, 저런사람

철면피 · 162 / 축의금 · 163 / 절면 · 164 / 천연 자연 · 165 / 숙박 · 167 / 화살 · 168 / 부스럼 · 169 / 보증인 · 170 / 열병 · 172 / 방귀 · 173 / 약과의 싸움 · 174 / 의사의 손 · 175 / 여난 · 176 / 부자 · 178 / 어버이 마음 · 179 / 거북이 · 180 / 비가 오니 사양하지 마시고 · 182 / 모자 · 183 / 속임수 · 184 / 오이와 부추 · 186 / 독약 · 187 / 역술가 · 188 / 역술 · 191 / 울음소리 · 192 / 늙은 고기 · 195 / 양의 눈 · 196 / 마찬가지 · 197 / 죽겠다 · 198 / 추워서 붙는 것은 아니야 · 199 / 요강도 없었다 · 200

Part 7 글자 놀이

문자학(文字學) · 204 / 내 천(川)자 · 205 / 려(呂)자와 중(中)자 · 206 / 한 일(一)자 · 209 / 알 수 없는 글자 · 210 / 활(滑)자 · 212 / 옳을 가(可)자 · 214 / 부(賦)자 · 217 / 만(萬)씨 성 · 218 / 차조기 소(蘇)자 · 220 / 털빠질 독(禿)자 · 221 / 재(齋)자와 제(齊)자 · 222

Part 8 이 세상과 저 세상

옥황상제 · 224 / 새우 · 226 / 방생 · 227 / 요리는 사양 · 228 / 파계승 · 229 / 선장 · 230 / 향주머니 · 231 / 속마음 · 232 / 정진요리 · 234 / 입은 화근의 문 · 237 / 가난한 서생 · 240 / 의사 · 241 / 도깨비 얼굴 · 242 / 검은 고양이 · 244 / 군침 · 246 / 당나귀의 거시기 · 248 / 청복 · 250

Part 9 인터넷 유머

왜 하필이면 이때! · 252 / 확실한 처방전 · 253 / 엄처시하 · 254 / 앗, 실수 · 255 / 집들이 · 256 / 의리 있는 친구들 · 257 / 형사와 도둑의 대화 · 258 / 여자와 수박 · 260 / 아내가 받은 20만원 · 261 / 황당한 부부 · 262 / 죄수의 소원 · 263 / 5대양 6대주 · 264 / 질문하는 선생님 · 265 / 생물 시험 · 266 / 어느 버스 기사와 승객 · 267 / 산부인과 · 268 / 5분 생활 영어 · 269 / 사돈 남 말하네 · 270 / 칠칠이와 팔팔이 · 271 / 저승도 리모델링 중 · 272 / 추리 · 274 / 할머니와 아가씨 · 275 / 가축 전시장 · 276 / 게으름뱅이 입상자 · 278 / 여성 상담원의 대답 · 279 / 미국에 간 길동이 · 280 / 종철이 삼형제 · 281

1

Joke & Humor

부부 만화경

Joke & Humor

당연지사

공처가인 어떤 관리에게 그의 친구가 조언을 했다.
"자네가 마누라를 두려워하지 말고 마누라가 자네를 두려워하도록 처신하게나."
"그건 알겠네만, 그 방법을 모른단 말일세."
"어렵지 않네. 술을 마시고 취한 다음 기고만장한 태도로 집에 가는 거야. 그리고는 적당한 구실을 붙여 마누라를 쥐어박게나. 그렇게만 하면 이후부터 틀림없이 마누라는 자네를 두려워할걸세."

공처가인 관리는 지당한 조언이라 생각하여 즉시 친구가 일러준 대로 실천했던 바 과연 아내는 180도 달라졌다.

이튿날 아침 관리의 아내는 남편에게
"나, 당신을 다시 보게 되었어요."
"그게 무슨 말씀이요?"
"당신이 본래는 사내다운 사나이였다는 사실을 말이에요. 하지만 여보, 지난밤에는 왜 갑자기 그런 짓을 하셨나요?"

"그런 짓이라니, 무슨 짓을…"

"나를 크게 꾸짖으며 주먹질까지 하셨잖아요."

"내가 그랬었나? 술이 취해 아무것도 기억나지 않는데……."

그러자 남편의 변명이 끝나기도 전에 아내는 태도를 돌변하여,

"사내인 주제에 술기운을 빌려 아내에게 주먹질을 하다니…! 비겁하기 짝이 없구먼. 게다가 아무것도 기억나지 않는다니 더욱 용서할 수 없어."

라며 갑자기 남편을 치고, 차기 시작했다. 남편은 얼굴을 감싸고 도망치면서

"내 본심이 아니었소. 친구인 아무개가 그렇게 하라고 해서 했을 뿐이요."

라고 변명했다. 그러자 아내는 더욱 화를 내며,

"아무개라는 사람도 나쁜 사람이지만 당신은 관리가 아니요. 관리된 자가 그런 나쁜 사람의 사주를 받아 행동하다니. 당신이 돼 먹지 않았어. 그러니 맞는 것은 당연지사지!" ♣♣

아내의 초상화

어떤 공처가의 아내가 죽었다.

남편은 아내의 초상화를 걸어 놓고 이제까지의 원망을 앙갚음하려고 주먹을 불끈 쥐고 한 방 날리려는 순간, 바람이 불어 초상화가 흔들렸다.

남편은 깜작 놀라 황급히 주먹을 거두면서

"여보! 지금 한 짓은 장난이었소. 내가 어찌 감히 당신을 칠 수 있단 말이오." ♣♣

기 도

하체가 허해져 방사도 제대로 못하는 사내가 무당에게 부탁하여 신령님께 기도를 드리게 되었다.
"신령님께 비나이다. 이집 대주의 거시기가 창처럼 단단하게 되도록 신령님께 비나이다."
무당의 비는 소리를 들은 사내가
"그렇게까지 단단해지기는 바라지 않습니다."
라고 겸손하게 말했다.
그러자 옆에 있던 아내가
"여보! 모처럼 큰 돈 드려 비는 판에 그 정도는 단단해야지. 무슨 소리예요!" ♣♣

바 람

아내가 남편에게
"여보, 이웃 집 왕씨 말이에요. 늘 이상한 눈길로 나를 훔쳐 보나봐요."
라고 했다.
남편이
"상관 말아요. 못 본체 하면 되니까."
그러자 아내는 휙 돌아서며
"큰 맘 먹고 알려 주었는데도 당신이 신경 쓰지 않겠다면 다음 번엔 왕씨와 내가 바람을 피워도 나는 상관 않고 가만히 있을게요."♣♣

다리 보자기

 부부가 사소한 일로 다투다가 서로 등을 돌리고 자게 되었다. 그러나 한밤중이 되자 아내는 슬그머니 화해를 하고 싶어졌다. 살며시 손을 뻗어 남편의 거시기를 더듬으면서
 "이게 뭐에요?"
라고 말을 걸었다.
 "그건 다리지, 뭐야."
 남편이 퉁명스럽게 대답하자 아내가
 "여보, 다리라면 다리답게, 다리 보자기에 집어넣는 것이 어때요?"♣♣

Joke & Humor

당 번

매우 게으른 부부 한 쌍이 있었다.
"여보 우리 아침에는 느긋하게 자기로 합시다. 두 사람 중 먼저 말을 거는 사람이 벌칙으로 세숫물을 데우기로 하고……."
그렇게 약속을 하고 아이들처럼 손도장까지 찍었다.
이튿날 아침, 해가 중천에 떠올라도 두 사람이 일어나지 않고, 인기척도 없으므로 이웃사람이 걱정이 되어 살며시 문을 열고 살펴보았다.
아내된 사람이 그 낌새를 눈치채고
"여보, 여보! 누가 엿보나 봐요. 일어나요."
라고 하자,
남편이
"옳지, 세숫물은 당신이 데우구려." ♣♣

Joke & Humor

승 진

 어떤 관리가 승진하여, 들뜬 기분으로 집에 가 아내에게
"이제 내 권력은 훨씬 더 커졌다오."
라며 자랑을 했다.
 그러자 아내는
"권력이 커진 만큼, 당신 거시기도 그만큼 더 커졌으면 금상첨화일 텐데……."
라고 아쉬워했다.
 그러자 남편은
"내 권력이 커지면 당신 권력도 커지는 거고, 내 거시기가 커지면 당신 거시기도 그만큼 커질 테니 마찬가지가 아니요."
라며 달랬다. ♣♣

문

   아내가 밤중에 생각이 간절하였으나 차마 남편에게 요구할 수 없어
"여보, 나 통 잠이 오지 않아요. 당신이 이 벽 쪽으로 넘어와 자지 않을래요?"
라고 했다.
   남편은 아내의 몸을 넘어 벽 쪽으로 오긴 했지만 그대로 잠을 자려는 듯, 어떤 기색도 보이지 않았다.
   잠시 후 아내는 다시 남편에게
"여보, 이쪽은 더 불편하네요. 역시 원래대로 당신이 이쪽에 와 주무세요."
   남편은 아내의 몸을 넘어 원래의 자리로 다시 오긴 했지만 이번에도 정분을 나눌 기미는 전혀 보이지 않았다.
   참다못한 아내는 훌쩍훌쩍 울기 시작했다.
"아니, 자다 말고 왜 우는 거요?"
라고 남편이 묻자,

아내는
"어느 누구도 내 심정을 알아주지 않으니, 흑… 흑…."
"도대체 어떤 심정 말이오?"
"당신은 문 앞을 두 번이나 지나면서도 한 번도 안으로 들어와 보려고 하지 않는 박정한 사람인데, 그런 당신이 어찌 내 심정을 알 턱이나 있겠어요."♣♣

치 수

 어떤 남자가 아내에게 버선을 만들게 하였더니 작아서 발이 들어가지 않았다. 남편은 화를 내며
 "작아서 좋을 것은 작지 않은 주제에, 버선만은 작게 만들다니……."
라고 책망하자, 아내도 지지 않고
 "아유, 사돈 남 말 하시네. 당신은 크면 좋을 것은 크지 않는 주제에, 발바닥만은 쓸데없이 크구먼요." ♣♣

Joke & Humor

의 리

첫날 밤, 신랑이 옷을 벗고 먼저 이불 속에 들어가자 신부는 옷을 입은 채로 곁에 와 누우려고 했다. 수줍어 그러는 것이라고 이해한 신랑이 달래는 말로, 옷을 벗으라고 하자

"나는 어릴적부터 줄곧 어머니로부터 남들 앞에서 옷을 벗어서는 안된다는 가르침을 받아 왔습니다. 어머니의 교훈을 어찌 저버릴 수 있겠습니까……."

남편이 어처구니 없어, 잠시 침묵하자

"하지만 당신은 나에게 벗으라고 하십니다. 아내된 사람으로 지아비의 분부를 거역할 수도 없는 노릇이니, 참으로 어떻게 처신해야 좋을지 난감할 따름입니다."

라면서 이러지도 저러지도 못하고 주저하기만 했다.

참다 못한 남편이 다시 채근하자

"알았습니다. 그럼 나는 아랫도리만 벗어 어머니와 남편, 두 분에 대한 의리를 공평하게 지키도록 하겠습니다." ♣♣

노름꾼

 노름에 미친 남자가 낮이나 밤이나 집에 돌아가지 않고 노름판에만 머물다 끝내 무일푼의 신세가 되고 말았다. 이제 남은 것이라고는 지금 걸치고 있는 남루한 옷가지와 아내 뿐이었다. 그래서 아내를 잡히고 노름을 하였지만 그마저 지고 말았다.
 "부탁이오. 한 번만 더 아내를 잡아 주시오."
라고 사정을 하였지만 상대방은 매정하게 거절했다.
 "이 사람이 돌았나, 어찌 한 사람을 두 번이나 잡힌단 말이오."
 "내 아내는 두 번을 잡힐 가치가 있어서요. 부탁하오."
 "어디에 무슨 가치가 있다는 말이오."
 "사실은 내 마누라는 아직 처녀란 말이오."
 "그럴 리가 있겠소? 웃기는 소리 그만하시오."
 "아니, 사실이오. 나는 결혼 이후 아직 한 번도 집에 들어가 본 적이 없었소."♣♣

재 혼

　첫날 밤, 신랑이 막 일을 시작하려고 이불 아래 자락을 살짝 들췄더니 신부의 발이 보이지 않았다. 더듬어 나가며 자세히 살펴보았더니 없는 것은 당연했다. 신부는 이미 두 발을 높이 치켜들고 기다리고 있었다.
　신랑이 기가 차 잠시 멍하니 바라보고 있자, 신부는 한숨을 내 쉬며 중얼거렸다.
　"왜 아직까지 꾸물거리고만 있는 거야. 이번에도 또 재수 없게 동작이 뜬 멍청이에게 시집온 거 아니야!" ♣♣

Joke & Humor

유학자

어떤 유학자(儒學者)가 첫날 밤 신부에게
"나는 색을 탐하여 이런 짓을 하는 것은 결코 아니오. 조상님들을 공양할 자손을 절손시키지 않기 위해 이러는 것이지."
라면서 한 번 절구질을 했다.

그러고는 또
"나는 색을 탐하여 이러는 것은 결코 아니오. 나라를 위해 인구를 늘리려고 이러는 것이지……."
라면서 또 한 번 절구질을 했다.

그러고는 또
"나는 색을 탐하여 이러는 것은 결코 아니오. 천지만물의 생장을 바라는 마음에서 이러는 것이지."
라면서 세 번째 절구질을 했다.

한 달 후, 친가에 다니러 온 딸에게 그 소리를 전해 들은 친정 어머니가, 네 번째는 무슨 핑계를 대더냐고 물었다.

그러자 딸은
"더 이상은 아무 말도 없었어요."
라고 했다.
　어머니가
"그야 그럴테지. 제 아무리 유학자라 할지라도 출입시킬 때마다 일일이 핑계를 댈 수는 없는 노릇이니까."
라며 혼자 소리로 중얼거리자
"아니에요. 출입은 언제나 단 세 번이면 끝나는 걸요."♣♣

Joke & Humor

벼 개

  먼, 타지방으로 시집을 간 딸이 석 달만에 친정에 다니러 왔다. 딸을 보고 친정 엄마가
  "지역이 다르면 음식도 다르고, 풍속도 다르기 마련인데, 여러 가지로 어려움이 많지?"
라고 위로하자,
  딸은 고개를 저으며
  "아니에요, 별로 다른 것이 없어요."
라고 했다가,
  잠시 뒤이어
  "아 참, 한 가지는 달라요. 이 곳에서는 벼개를 머리 받침으로 사용하지만 그 곳에서는 엉덩이 밑에 받치는 걸로 사용하거든요." ♣♣

Joke & Humor

주 공

혼례를 몇 일 앞둔 시누이가 올케에게 물었다.
"언니, 그 짓이 즐거운가요?"
"그 짓이라니, 무슨 짓 말이에요?"
"언니가 매일 밤 오빠와 하는 짓 말이에요."
"아- 그것, 즐겁긴 뭐가 즐거워요."
"즐겁지도 않은데 왜 매일 하나요?"
"그건 말이죠, 주공(周公)이란 성인(聖人)이 정한 제도로, 부부는 그렇게 하도록 정해져 있기 때문에 하는 거예요."
드디어 시누이는 시집을 갔고, 한 달이 지나자 친정에 다니러 왔다.
올케가 그동안의 안부를 묻자,
시누이는 대답 대신
"언니는 정말 거짓말쟁이야!" ♣♣

두 발

신혼 부부가 한 낮이 다 되어도 일어나지 않자, 어머니는 은근히 걱정이 되어 하녀로 하여금 슬쩍 살펴보고 오도록 했다.

잠시 후에 하녀가 다녀오자 어머니가

"어떻든? 아직도 일어날 기색이 안 보이든?"

라고 묻자,

하녀는 얼굴이 빨개지면서

"새신랑도 신부도 모두 절반씩은 일어나 있었어요."

라고 했다. 어머니가

"그건 또 무슨 뜻이야?"

라고 반문하자,

하녀가 대답하길

"새신랑은 상반신만, 신부님은 두 다리만 치켜 올려 운동하고 있었습니다요." ♣♣

노인의 결혼

노인과 노파가 뜻이 맞아 결혼을 했다. 물론 두 사람 모두 재혼이었다.

간단한 결혼 의식이 끝나고, 부부가 거실로 들어간 지 얼마 후에 거실에서

"아- 기분 좋네. 여보, 정말 기분 좋구려."

라는 즐거운 소리가 들려왔다.

노부부의 아들과 며느리가

"저 연세에도 은밀한 정을 나누시나 봐?"

라며 미소짓다가, 호기심으로 살며시 다가가 훔쳐 보았더니 신부가 신랑의 등을 긁어주고 있었다. ♣♣

나도 사나이다

 어떤 남자가 아내의 주먹질을 견디다 못해 침대 밑으로 기어들어 숨었다.
 그러나 바로 뒤 쫓아온 아내가 앙칼진 목소리로
 "나와요, 어서 나오라니까!"
라고 소리치자 남자도 목소리를 높여서
 "나도 사나이에요. 한번 안 나간다면 절대 안 나갈거요!"

빨래

　어떤 남자가 친구 집에 가서
　"우리집 마누라는 요즈음 더 사나워졌어, 자기 옷빨래까지도 나보고 하라네……."
라고 하소연 했다.
　그러자 친구는 팔꿈치를 치켜 들며
　"그건 해도 너무하군, 나 같으면 그런 소리 들으면…"
라고 소리치는 순간에 그의 아내가 번개처럼 나타나
　"그래, 당신이었다면 어떻게 하겠다는 거요?"
라고 앙칼지게 추궁하자,
　친구는 황급히 팔꿈치를 내리고 떨리는 목소리로
　"나 같으면… 고분고분, 시키는 대로 했겠지요."♣♣

Joke & Humor

위풍당당

어떤 무관이 그 마누라의 기세에 짓눌려 매사 행동거지가 의기소침했다. 그 모습을 보다 못한 친구가

"자네 마누라는 자네의 위풍당당한 모습을 본 적이 없으므로 자네를 깔보는 걸세. 이제부터라도 사내답게 가슴을 펴고, 당당한 자세로 처신하게나."

라고 조언했다.

무관은 지당한 충고라 생각하여 그날은 갑옷으로 갈아입고 칼을 찬 다음 가슴을 활짝 펴고 퇴근했다. 아내가 그 모습을 보고는

"무슨 일이야? 그런 꼬락서니하고!"

라며 소리치자, 무관은 당장에 기가 꺾여

"아니, 별것 아니오. 지금부터 훈련에 나가려고 하는데 나가도 되겠소, 여보?" ♣♣

전족 냄새

 어떤 사내가 아내의 분부에 따라 전족의 붕대를 손질하다가 지독한 냄새를 견디지 못하고 무심결에 한쪽 손으로 입과 코를 막았다.

 그러자 아내가 버럭 화를 내며
 "왜 그러는 거요! 하기 싫으면 그만 둬요!"
라고 소리쳤다.

 그러자 남자는 두려워하며
 "아, 아니오. 조금 전에 마늘을 먹었는데 그 입냄새가 당신 발에 스며들면 안 될 것 같아서……." ♣♣

---

*전족(纏足) : 중국의 옛 풍습의 하나로, 여자의 발가락을 어릴적부터 발바닥 방향으로 접어넣듯 힘껏 묶어 천으로 동여 매고 자라지 못하게 한 발

Joke & Humor

신혼부부

서울 총각과 경상도 아가씨가 중매로 결혼하여 제주도로 신혼여행을 갔다. 늦은 시간에 공항에 도착한 관계로 호텔에 도착하자 곧 침실에 들지 않을 수 없게 되었다.

먼저 샤워를 끝낸 신부가 부끄러운 듯 침대로 달려가 몸을 가리자, 신랑도 샤워장으로 가 골고루 몸을 닦고 특히 거시기 부분에는 향수까지 살짝 뿌린 연후에 신부 옆에 다가갔다.

그 순간 이불 속에 번지는 향긋한 향수 냄새…, 신부가 한마디했다.

"좃(좋)내 나내예."

그러자 신랑은 거시기 냄새가 난다는 것으로 오해하고, 다시 샤워장으로 달려가 더운물, 찬물로 두 번, 세 번 거시기를 씻은 후, 향수를 더욱 진하게 뿌린 다음 신부 옆에 다가가 누웠다.

"참 좋내, 억시게 나내예……."

신랑은, 거시기에 냄새가 난다는 것은 그것도 하기 싫다는 뜻으로 알고 화가 나서 첫날밤에 등을 돌리고 잤다.
 이튿날 아침, 식당에서 아침 식사를 하는 동안에도 신랑은 어젯밤의 일로 심드렁한 표정이었고, 그러자니 입에 넣는 음식도 씹는둥 마는둥 우물거렸다.
 마주 앉아, 보다 못한 신부가 또 한마디했다.
 "통 씹질 못하시네예."♣♣

키 스

결혼한 지 얼마되지 않은 남편이 외출을 했다 돌아와 보니 아내는 침대에 누워 낮잠을 자고 있었다.

그는 살며시 다가가 키스를 했다. 그러자 아내는 눈을 감은 채로 "누구-지?"라고 물었다. ♣♣

Joke & Humor

3남

결혼 예식이 끝나고 신랑 신부가 함께 시댁 어른들께 배례하는 의식을 '폐백'이라 한다.

어떤 신부가 폐백 때 시부모께 큰절을 하고 나서 일어서려는 순간 갑자기 산기(産氣)를 견디지 못하고 아들을 낳았다.

시어머니 되시는 분이 주변 사람들이 알게 될까 부끄럽고 두려워 서둘러 남의 눈에 띄지 않게 감추었다.

그러자 신부가 시어머니께 말했다.

"어머님께서 이렇게 기뻐해 주실 줄 알았으면 친정에 두고 온 첫째와 둘째까지도 데리고 올 걸 그랬나봐요."

Joke & Humor

세 번째

때와 장소를 가리지 못하고 뜬금없이 가스를 방출하는 딸이 있었다. 그 딸이 결혼식 때, 실수를 하더라도 핑계를 댈 수 있도록 친가에서는 유모와 하녀를 딸려 보냈다.

딸은 정신을 바짝 차리고 버티다가 폐백 때 더 이상 참지 못하고 그만 한 방 '뽕' 하고 쏘고 말았다.

그러자 바로 옆에 대기하고 있는 유모를 흘겨보며

"어디라고 주책 없이 방귀를……"

하고 나무랐지만, 그 순간, 또 한 방 '뽕' 하고 튀어나왔다. 그러자 이번에는 왼쪽에 서 있는 하녀를 보고 "어른들 계시는데 어찌 버르장머리 없이!"라며 속여 넘겼다.

드디어 폐백도 끝나고 한 시름 놓았다고 생각하는 순간, 또 한 방 터지고 말았다. 이번에도 핑계를 대려하였지만 이미 유모도 하녀도 그곳에는 없었다. 그래서 좌우를 훑어본 후에 아래 쪽을 향하여

"내 ×구멍이 원수로군!" ♣♣

보 쌈

  처녀의 집은 부자이고 총각의 집은 가난했다. 양가 사이에 혼담이 성사되었지만 총각 집에서는 처녀 댁에서 파혼하자 할까봐 마음이 놓이지 않았다.

  그래서 길일(吉日)을 택하여 총각을 앞세우고 처녀를 보쌈하러 갔다. 하지만 너무 서둔 나머지 신부될 처녀의 동생을 보쌈해 나왔다.

  처녀집 사람들도 당황하여
  "아닙니다, 아니에요."
라고 소리치며 뒤를 쫓았다.

  그러자 총각 등에 업혀 있는 처녀의 동생이
  "맞아요, 맞습니다. 상관 말고 어서 빨리 뛰어요." ♣♣

안돼요

첫날 밤, 신랑이 거시기를 밀어 넣자,
신부는
"안돼요."
라고 했다.
　신랑이
"그럼 빼 버릴까?"
라고 하자, 또
"안돼요."
라고 했다.
　신랑이
"그럼 어떻게 하란 말이야?"
라고 묻자,
　신부는 신랑에게 귓속말로
"넣고, 빼기를 반복하란 말이에요." ♣♣

네 번째

첫날 밤, 신랑이 침대에서 신부를 품에 안고
"장인어른께서 우리 결혼을 무척 반대하셨지만 겨우 허락을 얻어 이렇게 부부가 되었으니 얼마나 다행이오."
하면서 한 판 교합을 치뤘다.

잠시 지나자 다시 생각이 났으므로
"장모님도 처음에는 우리의 결혼을 반대하셨지만 끝내는 승낙하셔서 이렇게 부부가 되었으니 얼마나 다행이오."
라면서 두 번째 교합을 치뤘다.

하지만 얼마 지나자 또 다시 생각이 동하여
"당신 오빠는 아무런 편도 들어주지 않았지만 그래도 우리는 이렇게 부부가 돼 얼마나 다행이오."
라면서 세 번째 교합을 치뤘다.

잠시 지나자 이번에는 신부가 코맹맹이 소리를 했다.
"여보, 내 올케도 조금도 편을 들어주지 않았어요. 하지만 이렇게 부부가 될 수 있었으니 다행이지 않아요?" ♣ ♣

간 담

  어느 염색집 딸이 아직 결혼은 하지 않았지만 처녀는 아니었다.

  그 딸에게 중매쟁이를 통해 혼담이 성사되고, 점차 혼사 날이 가까워졌다. 딸집에서는 고민 끝에 딸의 신상문제를 중매쟁이에게 털어 놓았다.

  그러자 중매쟁이는

"흔히 있는 일입니다. 염려하지 마세요."

라고 했다.

"그렇게 말씀은 하시지만……."

하며 어머니가 걱정하자, 중매쟁이는

"혼례 때는 내가 곁에 붙어 있을 테니 나에게 맡겨두면 아무 일 없을 것입니다. 혼례날이 되거든 붉은 연지가루를 종이에 조금 싸 내게 넘겨 주십시오."

  드디어 그 날이 왔다. 딸은 걱정이 쌓인 나머지 그만 기력까지 혼미하여, 붉은 입술 연지가루를 싸준다는 것이 남색의 염색가루를 종이에 싸 중매쟁이에게 주었다.

혼례식이 무사히 끝나고 첫날 밤을 넘겼는데, 그 후에 신랑은 신부가 처녀가 아니었다며 중매쟁이에게 시비를 걸어왔다. 중매쟁이가 미심쩍게 생각하여 신부에게서 받아쓰고 남은 연지가루를 손가락 끝에 조금 찍어 보았더니 붉은색이 아니라 남색의 염색가루였다.

그래서 중매쟁이는 신랑에게 말했다.

"신부가 처녀가 아니었다니 그것은 천부당, 만부당한 말입니다. 틀림없이 당신은 온 정력을 다해 너무 깊이까지 들어 밀었을 것입니다. 그래서 신부는 간담까지 찢어졌던 것이지요." ♣♣

Joke & Humor

창 자

딸이 어쩌다가 아버지의 거시기를 보고는 엄마에게
"그건 뭐에요?"
라고 물었다.
대답이 궁한 엄마는
"뭐긴 뭐야. 그건 창자지."
라고 대답했다.
그 후에 딸은 시집을 갔고, 한 달이 지난 후 친정에 다니러 왔다.
사돈댁이 어렵게 산다는 소리를 들었기에 친정 엄마는 위로의 뜻으로
"그 동안 고생이 많았지?"
라고 묻자,
딸은 고개를 저으며
"아니요. 가난해서 어렵긴 하지만 이서방 창자만은 그만인걸요." ♣♣

Joke & Humor

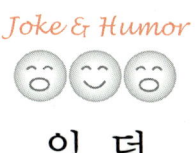

입 덧

  어떤 아낙네가 입덧이 심하여 매우 고통스러웠으므로 남편을 향하여
  "나를 이토록 고통스럽게 만들다니, 모두 당신 탓이에요."
라고 잔소리를 퍼부었다.
  "미안하오, 미안해. 이제부터는 당신의 잔소리를 듣지 않도록, 아예 내 이 물건을 잘라 버리겠소."
라고 남편이 응수하자,
  아낙네는 더 성난 목소리로,
  "바보짓일랑 그만 둬요! 겨우 고통이 약간 멈춘 듯한데, 당신은 또 다시 나를 성나게 만드는군요." ♣♣

종기 치료

어떤 아낙네가 출입구에 종기가 나서 남편과 의논한 결과 의사를 불러 진찰을 받기로 했다.
의사는 자세하게 살펴본 연후에
"상당히 부어 있군요. 빨리 치료하지 않으면 출입구가 막힐 지도 모릅니다."
"치료해 주실 수 있겠습니까?"
라며 남편이 걱정스레 부탁하자,
의사가 대답하길
"내 약을 바르면 낫기는 하겠지만, 이 약은 특수한 약이라서 내가 몸소 구석구석까지 골고루 발라 주지 않으면 듣지 않습니다. 그래도 상관없다면 치료해 드리겠습니다. 헌데 장소가 장소인지라, 아무리 의사라고 하여도 선뜻 내키지 않는군요."
"염려하지 마십시오. 어떻게든 치료만 해 주십시오."
남편이 이렇게 애원하였으므로

"정 그러시다면……."
하면서 의사는 하의를 모두 벗고 거대한 연장 머리에 약을 흠뻑 바르고, 아낙네의 출입구에도 바른 다음 출입구 안으로 사정 없이 연장을 밀어 넣었다. 의사의 연장이 너무 거대하여 아낙네가

"아, 아파요!"
라고 비명을 지르자,

남편이 곁에서
"여보, 아파도 참고 견디구려."
라며 달랬다.

의사는 넣었다가는 빼내고, 다시 넣고 빼기를 수십 번, 열심히 약을 바르는 사이에 어느덧 거대한 도구도 원활하게 출입할 수 있게 되어 아낙네도 고통을 호소하지 않게 되었다.

이어서 아낙네의 숨소리가 점차 거칠어지자 남편은 어찌할 바를 몰라하며

"의사선생님, 치료는 아직 멀었나요?"
"시끄러워요! 곧 끝날 거요."
라면서 의사는 열심히 치료를 계속했다.

드디어 아낙네가 심하게 몸부림을 치면서

"아이고 좋아, 이젠 좋아."
라면서 그만 소리를 내어 흐느껴 우는 처지에까지 이르렀다. 그리고는 곧 두 사람 모두 움직임이 멎고 말았다.

마침내 의사가 연장을 꺼내자 아낙네의 출입구에서는 의사가 처음에 구석구석 바른 약인지 무엇인지는 모르지만 희뿌연 액체가 질척하게 흘러 나왔고, 아낙네는 지쳐 축 늘어졌다.

의사가 열심히 출입구의 뒤처리를 하였지만 닦아도 닦아도 흰 액체는 배어 나왔다.

남편이 들여다 보니 아낙네의 출입구 종기는 찌부러져 거뜬히 치료가 된 듯했다.

의사가 연장을 집어넣고 한 숨을 돌리자 남편은
"참으로 수고가 많았습니다. 의사선생님도 피곤하시겠지만 이사람으로서도 그냥 바라보고만 `있자니 조마조마하여 지칠 지경이었습니다요." ♣♣

노부부

  나이 지긋한 부부가 방사를 시작했다.

  그 와중에 마나님이 불의의 재채기를 하자 그만 영감님의 그것이 힘 없이 빠져나와 시들고 말았다.

  "겨우겨우 집어넣었는데, 방정맞게 왜 하필 이 때 재채기야!"

라며 영감님이 성을 내어, 그만 큰 말다툼으로 이어졌다.

  다음 날, 이웃집 아낙네가 마나님을 보자

  "마나님은 나이도 지긋하시면서 어젯밤에는 왜 부부싸움을 하셨어요?"

라고 하자,

  마나님은 못마땅한 듯

  "우리집 영감님은 요즈음 갈수록 성질이 사나워져 내게 재채기도 못하게 한다오." ♣♣

전당물 찾기

마누라에게 짓눌려 사는 사내가 있었다. 집안일과 경제권도 마누라가 쥐고 있어, 사내가 하는 일이라곤 밤에 마누라를 즐겁게 해 주는 일 외에는 아무것도 없었다. 게다가 용돈도 쥐꼬리 정도 밖에 주지 않았다.

"돈만 쥐면 당신이란 사람은 바람을 피우니까."

라는 것이 마누라의 구실이었다.

언제나 담뱃값 정도 밖에 주지 않았고, 친구들과 만나도 슬슬 피해야 할 처지였으므로 이 사내는 어떻게 하면 마누라로부터 용돈을 올려 받을 수 있을까 늘 궁리했다. 그러다가 드디어 한 가지 계책을 짜 내었다. 그것은 자기 물건을 띠로 허벅지에 단단히 동여 맨 다음 마누라에게

"나도 드디어 처량한 신세가 되고 말았소. 오늘 밤부터는 당신과 즐거움을 나눌 수도 없게 되었구려……."

"도대체 무슨 말을 하려는 거요?"

"사실은 오늘 아침, 당신에게 한 냥만 달라고 하지 않았

소. 하지만 당신은 들은 체도 안 했지."

"그래서요?"

"친구들과의 모임에 꼭 한 냥이 필요했거든. 그래서 하는 수 없이 내 물건을 한 냥에 전당포에 잡히고 말았소."

"설마하니······."

마누라는 손을 뻗어 사내의 그것을 더듬어 보았으나 만져지지 않으므로 깜짝 놀라

"아니, 이게 도대체 어떻게 된 사연이에요!"

"말하지 않았소, 전당포에 잡혔다고······."

"그렇다면 어서 가 찾아와야지 왜 꾸물거리고 있나요? 전당포 문을 닫기 전에 찾아와야 오늘 밤에 쓸 수 있지!"

"그야 그렇지만, 찾으려면 돈이 있어야지."

"자, 받아요. 어서 다녀와요."

라며 마누라는 두 냥을 손에 쥐어 주었다.

"한 냥에 잡혔다고 했는데, 어찌 두 냥을 준단 말이오. 한 냥은 내 용돈으로 쓰라는 거요?"

그러나 마누라는 고개를 저으며

"용돈이 아니에요. 내가 먼저 말하려 했는데··· 만약 전당포에 기일이 지난, 당신 것보다 두 배 정도 큰 물건이 있거든 그 돈을 대신 물어주고 사오라는 거예요." ♣♣

약 방

 어떤 남자가 몇 해 동안 여행을 하고 돌아와 보니 아내가 아이를 셋이나 낳았으므로
 "남편 없이 어떻게 아이를 낳았단 말이오?"
라고 추궁하자, 아내가 대답했다.
 "날마다, 밤마다 당신만을 생각한 일편단심으로 아이를 배게 된 것이지요. 그래서 아이들 이름도 그에 맞게 지었어요. 첫째의 이름은 원지(遠志)로 지었어요. 멀리 출타한 당신을 항상 생각한다는 뜻이에요. 둘째의 이름은 당귀(當歸)이니 당신의 귀향을 빈다는 뜻이고요, 셋째의 이름은 회향(回鄕)이라 지었으니 이것도 당신이 돌아오기를 바라는 뜻으로 지었어요."
 원지, 당귀, 회향은 모두 한약 이름이다.
 남편은 아내의 그런 변명을 듣고
 "내가 다시 몇 해 동안 나갔다 온다면 우리 집은 한약방으로 변해 있겠군!"♣♣

진 통

어느 부인이 진통이 심하여 남편에게

"이제 한평생 다시는 더 아이를 낳지 않을 거야. 그리고 두 번 다시 그 짓도 하지 않을 테니 당신도 그렇게 알고 있어요."

라고 했다.

"그래, 그래. 알았어. 그렇게 합시다."

남편이 동의하고 얼마 지나지 않아서 무사히 남자아이가 태어났다.

부부가 성급하게 태어난 아이의 이름을 이것저것 생각하는 차에 아내는

"여보, 여보. 이번에는 첫째니 일남이로 정하고 다음은 이남이로 합시다."

라고 제안했다. ♣♣

열어 말리기

 노부부가 마주 보고 앉아, 이른 봄의 따스한 햇볕을 즐기고 있었다. 그러는 중에 노파가 묘한 기분이 솟아 영감을 끌어 당겨 재촉하였지만 추위 탓인지, 영감의 그것이 끝내 고개를 들려고 하지 않았다.
 그래서 참다 못한 노파가
 "밖에 내서 햇볕에 쪼여 봐요. 따스하게 데워지면 고개를 들 거에요."
 "그렇겠지."
 두 사람은 아래 옷을 내리고 같이 햇빛에 쪼였다.
 얼마간 지나자 노파가
 "나는 이제 충분히 데워진 것 같아요. 자, 시작해 봐요."
라고 하자,
 노인이
 "나는 아직 기척도 않는데……."
라고 했다.

"같이 데우는데 어찌 이토록 차이가 나는지 모르겠네."
라며 노파가 볼멘소리를 하자,
  노인이
  "당신은 열어서 데우기 때문이고, 나는 둥근 것 그대로 데우니까 시간이 걸리는 거겠지." ♣♣

Joke & Humor

알몸뚱이

 어떤 가난한 선비가 한 부잣집 아들의 가정교사를 맡기로 하고, 학습을 시작하기 전날 그 부잣집으로부터 초대를 받았다. 초대에 응하려면 격식상 하인을 거느리고 가야 하는데 하인을 둘 처지가 못되는 지라 모처럼의 초대를 사양하려 했다. 그러자 궁색한 살림에 쪼들린 아내가
 "내가 남장을 하고 하인 노릇을 할 터이니 부디 사양하지 마세요. 이런 기회를 놓치면 우린 굶을 수밖에 없어요."
라고 했다.
 그래서 이 부부는 집구석에 있는 온갖 잡동사니를 내다 팔아 약간의 돈을 마련한 다음, 헌 옷가게에 가서 선생용 옷과 하인용 옷을 한 벌씩 구입해서 입고 초대받은 집으로 행차했다.
 부잣집에서는 아주 정중하게 맞이하였다. 공부는 내일부터이니 그날 밤은 가족과의 상견례도 겸해 성대한 만찬을 마련했다.

가난한 선생 부부로서는 일생 처음 보는 진귀한 요리뿐이었다. 선생은 아내가 어쩔 줄을 몰라하는 것을 보고는 솔직하게 털어 놓는 것이 좋겠다 생각하여 주인에게

"매우 부끄러운 일입니다만 저희는 가난하여 이와 같은 성찬을 한 번도 먹어본 적이 없습니다. 보는 것만으로도 놀라워, 무엇을 어떻게 먹어야 할지 난감할 따름입니다."

그리고 아내가 무슨 말을 하려 하자

"너는 아무 말 하지 말고 잠자코 있거라……."

라고 나무랐다.

그러자 집주인은 연신 고개를 끄덕이며

"선생님의 지금 말씀은 모름지기 아들에게 '글을 가르치는 사람은 검소하게 살아야 한다'는 교훈의 말씀으로 새겨 듣겠습니다. 하인을 엄하게 다루시는 걸 보니 참으로 좋은 선생님을 모셨다고 생각됩니다. 저희들도 매우 기쁩니다."

라고 말했다.

그리고 식사가 끝나자 주인은

"오늘 밤은 저희 아들이 선생님을 모시고 자도록 허락해 주십시오. 하인은 별실에서 저희집 하인과 함께 자도록 하겠습니다."

선생 내외는 주인의 호의를 거절할 수 없어 하는 수 없이 따르기로 했다.

다음날 아침, 아들이 아버지에게

"선생님은 가난하다 하셨는데, 정말 무척 가난한 모양이에요. 지난 밤 옷을 벗고 주무시는 걸 보니 겉옷 안에는 아무것도 걸친 것이 없는 맨몸뚱이었습니다."

그러자 주인집 하인도 옆에서 거들었다.

"도련님의 말씀이 맞습니다. 무척이나 곤궁하시는지 지난 밤 소인이 본 바로는 선생님의 하인도 겉옷 안은 맨몸뚱이었고, 거기다가 가운데 달려있는 그 물건조차 없었습니다요." ♣♣

땟거리

가난한 부부가 있었다.
밤중에 남편이 아내를 더듬자, 아내는
"당신이란 사람은, 내일 땟거리도 없다는데 용하게도 그런 생각은 나시나 보죠."
라고 말했다.
그 말에 남편의 그것이 그만 힘없이 축 늘어지자, 아내는 다급하게
"그렇기는 하지만 쌀독 안을 긁어 모으면 내일 아침거리 정도는 될 거에요. 힘을 내요."
라며 남편의 그것을 움켜 잡았다. ♣♣

고양이

어느 어부의 아내가 이웃 동네 젊은이와 정분이 나서

"남편이 밤에 고기 잡으러 나갔을 때 와요. 그때는 밖에서 고양이 우는 소리를 내면 나갈게요."

라고 입을 맞추었다.

어느 날 밤, 남편이 고기 잡으러 가지 않고 집에 있을 때 젊은이가 문밖에서 고양이 소리를 내자, 어부의 아내가 큰 소리로

"고양이야, 오늘은 틀렸어! 오늘 밤은 고기 잡으러 가지 않았으니 내일 밤, 다시 오너라. 고기 줄게."

그러자 젊은이는 얼떨결에

"네."

하고는 뛰어 달아났다.

어물쩍 속여 넘기려는 아내를 보며 남편이 한마디 했다.

"두 발 달린 고양이구먼. 아니, 세 발 달린 고양이가 맞겠군!" ♣♣

칠칠치 못한 남자

정부(情夫)가, 여인의 남편이 돌아오는 소리를 듣고 급하게 도망치려 하자 여인이 잡아 누르면서 말렸다.
"그냥 있어요. 아니, 이 이불을 뒤집어 쓰고 누워 있어요."
정부가 이불 속에서 덜덜 떨며 누워 있으려니 곧 남편이 들어와서
"저기 누워 있는 저자는 어디 사는 누구야."
라고 말했다.
여인이
"큰 소리 내지 말아요. 옆집이 들으면 큰 일이니까. 저 사람은 이웃집 왕씨에요. 부인이 때리려 하자 여기로 도망쳐 왔나봐요. 저기 보세요. 가엽게도 덜덜 떨고 있네요."
그러자 남편은 소리 내어 웃으면서,
"아유, 마누라를 새치기 당한 칠칠치 못한 녀석 같으니라고… 마누라가 그렇게도 무서운가!" ♣♣

농 담

　남편이 아내에게
　"당신은 내 거시기가 길면 좋겠는가 짧으면 좋겠는가?"
라고 물었다.
　아내는 물론 긴 것이 좋았지만 능청을 떨며
　"내 것이 작으니까 작은 것이 좋겠네요."
라고 했다.
　그러자 남편도 농담으로
　"그래, 내것은 너무 긴듯하니 조금 자릅시다."
라며 면도칼로 자르려는 시늉을 했다.
　그러자 아내는 일부러 당황한 듯이
　"그러지 말아요! 당신 것이 약간 길기는 하지만 부모님이 만들어 주신 소중한 몸에 상처를 내다니, 그건 불효예요. 당신의 불효는 곧 아내된 내 불효이기도 하구요."

품질 향상

외박하고 아침에야 귀가한 남편을 보고 아내가 버럭 화를 내며

"술집 여자들은 몇 십명, 아니 몇 백명의 남자를 상대하기 때문에 틀림없이 거기가 광장처럼 넓어졌을 텐데 어디가 좋아서 그런 여자들과 놀아난단 말이에요!"

아내가 너무나 앙칼지게 쏘아 붙이자, 남편이

"어디가 좋으냐고? 그런 곳의 여자는 당신처럼 앙칼지지도 않고, 게다가 그런 곳의 여자와 놀면 놀수록 내 것의 품질이 향상되니까……."

남편의 변명에 아내는 금세 안색을 바꾸며

"정말, 그래요! 그렇다면 진작 그렇다고 했어야지. 왜 이제서야……." ♣♣

약효는 증명된 셈

　어떤 도사가 약을 만들어 팔고 있었다. 그 약은 여성의 몸에 뿌리면 곧 성욕이 발동한다는 약이었다.
　어느 날 한 젊은이가 도사의 점포로 그 약을 구입하러 갔으나 도사는 출타하여 없고 그의 아내가 점포를 지키고 있었다. 보기 드문 글래머로, 얼굴도 보통 이상의 미인이었다.
　"선생님은 어디 가셨습니까?"
라고 묻자,
　여주인이 고개를 끄덕였으므로, 젊은이가 다시
　"언제쯤 돌아오십니까?"
라고 물었다. 그러자 여주인이
　"산에 약초를 캐러 가셨으니 늦게 오실 겁니다. 선생님에게 무슨 볼일이라도 있으세요?"
　"저… 약을 구입하려고……."
　"약이라면 여기 선생님이 조제해 놓은 것이 있습니다."
라며 여주인이 약을 내놓았다.

그러나 젊은이는 의심스러운 눈길로 여주인을 바라보며
"이거 정말 효력이 있을까요?"
"그럼요. 이미 약효가 증명된 약입니다."
"그렇습니까. 사모님이 보증하신다면 틀림이 없겠지요."
이때 젊은이는 돌연 그 약을 여주인을 향해 뿌렸다. 여주인이 어처구니없어 망연히 젊은이를 바라보자, 젊은이는
"역시 진품이군요. 벌써 약효가 나타나는 모양인데······."
여주인이 당황하여 내실로 도망지자 젊은이도 주저하지 않고 뒤를 따라 들어가 여주인을 침대 위에 밀쳐 눕히고는
"이렇게까지 약효가 빨리 나타날 줄은 정말 몰랐습니다."
여주인은 어쩔 수 없이 젊은이의 뜻에 따를 수 밖에 없었다.
젊은이가 한참을 즐기고 돌아간 뒤에 여주인이 지쳐 아직도 침대 위에 그대로 늘어져 있자, 도사가 돌아와 의심스러운 눈길로 추궁했다. 하는 수 없이 아내가 사실 그대로를 털어 놓자
"그래도 그렇지, 어찌 찾아온 손님하고 그 짓까지···."
라며 화를 삭히지 못했다.
그러자 아내가
"하지만, 그 사람의 말을 내가 고분고분 따랐으니 당신 약의 약효는 증명된 셈이잖아요." ♣♣

가정교사

한 여인이 밤중에 남편의 물건을 어루만지면서 물었다.
"이게 뭐지요?"
남편이
"선생님이지."
라고 대답하자,
"선생님이라면, 여기 한 학생의 입이 있으니 어서 들어오세요."
부부는 열심히 공부를 한 나머지 지쳐서 잠들었다.
이튿날 아침, 아내는 밥상에 계란 2개와 술까지 곁들였다.
남편이 미소를 지으며
"오-, 이건 선생에 대한 사례인 모양이군! 헌데 선생의 실력은 어떠했소?"
그러자 아내도 생긋 웃으면서
"무척 좋은 선생님이었어요. 다만 공부시간이 길지 않는 것이 옥에 티였지만……" ♣♣

대 야

아내가 남편에게 물었다.
"대야 속에 발을 담가 씻으면 기분이 좋은 쪽은 대야일까요, 아니면 발일까요?"
그러자 남편이 대답했다.
"그거야 발이겠지. 헌데 귀이개로 귓구멍을 후비면 기분이 좋은 쪽은 귀이개일까, 아니면 귓구멍일까?"
"그야 말할 것도 없이 귓구멍이겠지."
두 사람은 킬킬거리고 웃으면서 일을 시작했다.
그러자 처음부터 이 부부의 수작을 몰래 엿보던 이웃집 사내가 중얼거렸다.
"귀이개가 대야 속에 빠지면 어느 쪽이 기분 좋을까?"

아들을 낳으려면

어느 부부가 계속 딸만 다섯을 낳자 참다못한 남편이 병원을 찾아가 의사에게
"남자아이를 원하는데 어떻게 하면 낳을 수 있을까요?"
라고 문의했다.

그러자 의사가
"정욕이 부족하면 여자아이만 낳게 된다는 견해도 있습니다. 당신은 젊은이답지 않게 매우 절욕하고, 조심성이 많으므로 아들이 태어나지 않는 모양입니다. 그런 절제도 물론 좋기는 하지만 젊고 건강한 동안에는 좀 더 자주 즐기는 편이 좋을 것입니다."
라고 했다. 그러자 남편이
"우리도 참지는 않는 편인데……."
라며 쑥스러워하자, 아내가 남편의 발등을 살짝 밟으며,
"여보, 의사선생님 말씀 잘 들어요. 나도 줄줄이 딸만 낳는 것은 이제 신물이 난단 말이에요." ♣♣

밑이 딱딱하구먼

  저녁식사를 마친 후 먼저 나무판으로 된 침대 위에 올라가 자던 남편이 돌아 누우면서
  "밑이 너무 딱딱하구먼."
라고 하자 주방에 있던 아내가 그 소리를 듣고 킬킬거리며 웃으면서
  "당신도 참, 너무 서둘지 말아요. 설거지 다 끝내고 곧 갈게요." ♣♣

사나이의 도리

매우 가난한 부부가 있었다.

한 푼이라도 돈 될만한 물건은 남김없이 팔아먹고 동전 한 푼 없는 무일푼이 되어, 이대로는 굶어 죽을 수밖에 없는 처지가 되었다.

아내는 상당한 미인이었으므로 수작을 걸어오는 남자들도 있고, 도움을 주겠다는 뚜쟁이들도 더러 있었다.

"이렇게 된 이상 어쩔 수 없지 않아요. 당신만 눈을 감아 준다면……."

그러나 남편은 결코 동의하지 않았다.

그러다가 어느 날 남편은 뜬금없이 돈을 마련해 보겠다며 집을 나간 채 돌아오지 않았다. 아내는 배고픔을 견디지 못해 마침 수작을 걸어오는 남자의 뜻을 따르고 허기를 면했다.

그리고 며칠이 지났을 때 느닷없이 남편이 돌아왔다. 먼 곳에 사는 인척에게 돈을 빌리러 갔었지만 만나지도 못하고 쫓겨나, 거리에서 걸식을 하며 겨우 돌아올 수 있었다고 했다.

"일전에 내가 제안했을 때 당신이 동의하지 않았기 때문이에요."

라고 핀잔을 주자,

남편이 고개를 끄덕였으므로 이 정도면 화는 내지 않겠구나 싶어 쌀밥과 고기 반찬을 차려 주었다. 남편은 그 밥상을 보자 깜짝 놀라며 허겁지겁 다 먹어치운 뒤에

"어디서 구한 것이오?"

라고 물었다.

"쌀은 지주인 장씨어른으로부터, 고기는 육고간하는 손주사로부터 얻었어요."

"아니, 그 사람들이 왜 이런 것을 우리에게 공짜로 준단 말이오."

"그런 건 말하지 않아도 알지 않아요? 공짜로 줄 사람이 이 세상에 어디 있겠어요. 그 짓이라도 하지 않으면 굶어 죽을 수밖에 없었기 때문이죠."

"당신에게 그런 짓까지 시키고…, 나는 할일 없이 얻어먹고 살 수는 없지 않소."

"그런다고 당신이 할 수 있는 일이 무엇이 있겠어요?"

"아무것도 못하는 것은 아니지. 이번에 그 장씨어른과 손주사를 만나거든 물어봐 줘요."
"당신이 할 수 있는 일이 없느냐고요?"
"그래, 일이라면 역시 일인 것은 틀림없지만……."
"무엇을 물어보란 말이에요."
"남색은 원하지 않느냐고 물어봐 줘요." ♣♣

첩

어떤 사내가 첩 생각이 나서 마누라에게 얘기했더니, 돈을 주면 자기가 아주 멋진 첩을 구해 주겠노라고 했다.

사내는 무척 흐뭇하여

"그러면 더욱 좋지. 당신의 넓은 도량에 감복했소."

그래서 좋은 날을 택일하여 드디어 첩을 맞아들이게 되었다.

마누라는 그날 곱게 단장하고 뒷문으로 나가 가마를 탔다. 사내가 앞문에서 가마를 맞이하고, 가마 문을 열어 본즉 그건 바로 자기 마누라였다.

눈이 휘둥그레져 연유를 물으니, 마누라가

"이제까지 당신의 마누라로 사는데 진력났으니 오늘부터는 첩이 되어 호사스럽게 살려구요." ♣♣

2

Joke & Humor

서양 조크

돼지 새끼

  대학생인 스미스는 아버지가 사용하고 있는 소시지 제조기에 늘 불만이 많았다. 하지만 이민 와서 초등학교에도 다녀보지 못한 아버지는 이제까지 이 낡은 기계를 열심히 가동하여 생활비며 스미스의 학비를 벌어 왔다.

  오늘도 스미스는 불만을 토로했다.

  "이쪽에서 돼지를 넣으면 저쪽에서 소시지가 나올 뿐인 이런 기계로는 이 시대의 유행을 따라갈 수 없잖아요. 만약 이것이 반대로, 이쪽에서 소시지를 넣으면 저쪽에서 돼지가 나오는 것이라면 또 모르지만……."

늙은 아버지는 고개를 가로저으며 힘없이 대답했다.

  "아들아, 나는 그런 기계는 가지고 있지 않다. 하지만 네 엄마는 틀림없이 그런 기계를 가지고 있을 게다. 소시지를 넣으면 돼지가 나오는 기계 말이다……." ♣♣

Joke & Humor

점쟁이

머리 좋은 한 남자가 점쟁이를 골려 주려고 한 가지 꾀를 부렸다.

"무슨 말을 해도 개의치 않을 테니 내가 어떤 사람인지 맞춰 보시오."

"알겠습니다. 그럼 먼저, 당신은 세 아이의 아버지시고…."

"틀렸습니다. 나는 네 아이의 아버지입니다."

점쟁이의 발언이 끝나지도 않았는데 머리 좋은 남자는 그 발언을 가로막고 비웃듯이 부인했다.

그러자 점쟁이는 조용한 목소리로

"그것은 당신의 생각일 뿐입니다." ♣♣

암상어

한쪽 다리를 잃은 선원이 버스에 타고 있었다. 옆 좌석에 앉은 여인이 힐끗힐끗 곁눈질하며 보다가 기어이 호기심을 참지 못하고 다리를 잃게 된 연유를 물었다.

"아시아의 모 항구에서 다리를 잃었지요. 배가 그 항구에 닿자 나는 뱃전에 몸을 기대어 항구의 모습을 바라보고 있었습니다. 그때 갑자기 배가 크게 흔들려 나는 바다에 떨어지고 말았지요. 운수 사납게도 그 항구는 백상어가 출몰하는 곳이었고 때마침 먹이감을 찾던 한 놈이 내 한 쪽 다리를 덥석 물었습니다."

"아유, 저걸 어쩌나! 그래서 어떻게 되었나요?"

"물론 나는 한쪽 다리를 그 녀석에게 증정했습니다. 상어와 언쟁할 수는 없는 노릇이니까요. 헌데 그 놈은 암놈이었습니다." ♣♣

행 복

한 여성이 슈퍼마켓에서 쇼핑을 하고 있었다. 콧노래를 부르며 이 코너에서 저 코너로 걸어가는 그녀를 본 점원이 살며시 옆으로 다가가
"오늘, 기분이 무척이나 좋으신가 봐요?"
라고 말을 걸었다.
그녀는
"그럼요. 더 이상 바랄 것 없이 행복하답니다. 널찍한 집도 있고, 귀여운 아들 딸에다 은행에 약간의 예금까지 있거든요. 그리고 남편은 100만 불의 생명 보험에 가입되어 있지만 건강이 좋지 않아 금년을 넘기기 어려우니까요." ♣♣

젊은 아내

 젊은 여자가 큰 부자 노인과 결혼을 했다. 노인은 신혼여행에서 너무 과로한 탓인지 몸살이 나더니, 그것이 악화되어 폐렴으로까지 발전했다.

 그는 병원으로 실려가 산소 텐트 안에서 지내게 되었다.

 아무래도 소생하기 어려울 것이라고 예감한 노인은 젊은 아내를 불러 숨찬 목소리로

 "유서는 이미 작성해 놓았소. 주권과 채권, 증권 따위는 큰 금고 속에 들어 있고, 특히 천장 속 한쪽 구석에 숨겨둔 작은 금고에는 20만 불의 현금이 들어 있다오. 금고 열쇠는 내 테이블 서랍 천장에 테이프로 붙여 놓았소. 그러니 내가 없더라도 안심하고… 아니, 그레이스, 당신 뭣하는 게요. 왜 산소 튜브는 잠그려 하는 거요." ♣♣

Joke & Humor

쥐

호화로운 호텔이었다. 하지만 룸에 들어간 그녀가 실내등을 켜는 순간 토끼만한 쥐가 어디선가 튀어나와 쏜살같이 침대 밑으로 숨어 버렸다.

기겁을 한 그녀는 비명을 지르며 전화기로 달려갔다.

"룸에 커다란 쥐가 있어요!"

그러나 프론트의 직원은 의외로 침착했다.

"그 녀석을 두들겨 내쫓으세요. 체크인하지 않는 한 결코 숙박시킬 수는 없으니깐요." ♣♣

Joke & Humor

환 경

한 미국 사람이 죽어 장례가 끝나고 그 혼백이 지옥으로 갔다.

서류를 들춰 본 지옥 관리가

"당신은 지옥에 왔지만 서류상으로는 천국으로 가게 되어 있습니다."

라고 했다.

그러자 그 혼백은

"예, 알고 있습니다. 다만 나는 뉴욕의 브론즈에서 온 자로, 환경이 급변하는 것은 원치 않아서요." ♣♣

---

* 브론즈(Bronz) : 미국 뉴욕에 있는 곳으로, 극빈한 사람이 많이 살고 환경이 열악하기로 소문난 곳

참고 견디기

어떤 스코틀랜드 사람이 실수로 우물에 빠졌다.

한 길 이상으로 깊고, 물도 얼음처럼 차가웠다. 다행히 그는 수영에 능숙한 편이었으므로 입영(立泳)하면서 큰 소리로 구원을 외쳤다. 한참 후에야 지나가던 그의 아내가 우물 안에서 나는 소리를 듣고 우물 속을 들여다 보고는

"내 재주로는 어쩔 도리가 없네요."

라고 말했다.

우물 속의 사나이는 조급한 심정으로 독촉했다.

"나 이렇게 헤엄치고 견딜 테니 빨리 농장으로 달려가 작업하는 인부들을 데려오구려. 헌데 지금 몇 시요? 어서 서둘러요."

"아니, 안되겠어요. 지금 11시 조금 전이니 작업하는 사람들을 부를 순 없네요. 점심시간이 될 때까지는 일을 시켜야 하잖아요. 그러니 그 때까지 당신이 그렇게 헤엄치면서 참고 견디세요." ♣♣

남편의 계획

 어떤 영국 남자가 친구인 의사를 찾아가, 안전한 방법으로 아내를 떠나보낼 수 있는 방책을 문의했다. 의사는 결단코 독약을 처방하는 짓을 거절했지만 그 대신 매일 밤 방사를 가질 것을 제안했다.

 그러면서 의사는
 "어떤 여자라도 오래는 견디지 못할 거니까. 아니, 6개월이면 틀림없이 사망할 걸세."
라고 단언했다.

 그 6개월 기간이 끝나갈 무렵 의사는 걱정이 되어 친구 집을 방문했다.

 친구는 휠체어에 앉아 있었다. 볼때기는 움푹 파이고, 얼굴색은 창백하며, 수족도 가늘게 떨고 있었다. 의사가 그의 아내의 근황을 물으려는 순간 마침 문을 열고 그의 아내가 나타났다.

 흰 색깔의 짧은 테니스 스커트를 입고 라켓을 든 그녀는

"누가 나와 함께 테니스 치지 않을래요?"
라고 묻고는 잠시 아무런 반응이 없자 휙 돌아서 생기발랄한 모습으로 나가 버렸다.

친구는 의사에게 방금 나간 아내 쪽을 눈짓으로 가리키며
"저 여자는 말이야, 자기 생명이 앞으로 며칠 밖에 남지 않았다는 사실을 까맣게 모르고 있다네."
라며 만족해 했다. ♣♣

정 의

1

대식가는 먹은 것의 절반으로 살고, 나머지 절반으로 죽음을 맞이한다.

2

인간은 자기가 먹어치우려고 하는 상대방과 우호를 유지할 수 있는 유일한 동물이다. - 사뮤엘 버틀러 -

3

만물은 공평하기 마련이다. 예컨대 체중도 그러하다.
무게가 늘어나면 날수록 그것을 이고 걷는 시간은 짧아진다. ♣♣

야만인

 폴란드 출신의 저명한 인류학자 말리노프스키는 제1차 세계 대전이 한창일 때 뉴기니어의 식인종 부락에서 인류학을 연구하고 있었다.
 그는 어느 날 부락민에게 유럽에서 지속되고 있는 전쟁에 관해 이야기해 주었다. 그러자 한 부락민이 그에게 물었다.
 "그렇게 많은 양의 인육을 어떻게 다 먹으려고 계속 욕심을 부린답니까?"
 "유럽 사람들은 죽인 적을 먹지 않습니다."
라고 대답하자,
 부락민들은 모두들 참으로 안타깝다는 표정으로,
 "먹지도 않을 사람을 거리낌 없이 죽이는 유럽 사람들이 야말로 참으로 야만인들이군요."
라며 개탄했다. ♣♣

당신의 것

 스포티하게 차려 입은 도시의 한 젊은이가 도로가에 차를 세우고 씨를 뿌리고 있는 농부를 향해 말을 걸었다.
 "수고하십니다. 아저씨가 씨를 뿌리시면 그 결실은 나중에 내가 차지하게 될 것입니다."
 그러자 농부는 젊은이를 바라보고 크게 웃으며 대답했다.
 "틀림없이 그렇게 될 겁니다. 지금 내가 뿌리고 있는 이 씨는 교수형용 밧줄의 원자재인 대마씨이니깐요." ♣♣

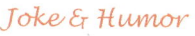

뱀

 아프리카의 어느 호숫가에서 한 소년이 한가롭게 낚시를 즐기고 있었다.
 그때 자동차가 한 대 달려오더니 5~6명의 어른들이 내렸다. 그 중의 한 사람이 소년에게로 다가와 물었다.
 "이 호수에 뱀은 없니?"
 소년이 대답했다.
 "뱀은 이제 없습니다."
 그러자 모두들 옷을 벗고 호수 속으로 뛰어들어 30분 정도 어린 아이들처럼 물놀이를 즐겼다. 그러고는 나와 옷을 챙겨 입자 한 사람이 다시 소년에게로 다가와 물었다.
 "이 호수에는 어찌하여 뱀이 없니?"
 그러자 소년은
 "강 건너편에 식인 악어가 자주 나타나 뱀이란 뱀은 모조리 잡아먹었기 때문이에요."
라고 대답했다. ♣♣

제 안

  기차 안에서 좌석을 마주보고 앉게 된 두 노파가 앉기도 전에 다투기 시작했다. 누가 진행 방향을 보는 좌석을 차지하느냐, 여행 가방을 좌석에 두느냐 않느냐 등으로 다투다가 나중에는 창문을 여느냐 닫느냐 큰 소리로 다투기 시작했다. 신고를 받고 달려온 차장이 말려도 소용이 없었다.

  한쪽 노파가
  "만약 창을 열어 놓는다면 감기에 걸려 죽을 것"
이라고 주장했다.

  그러자 다른 한 노파는
  "창을 계속 닫아 놓는다면 질식해 죽을 것"
이라고 반박했다.

  그때 조금 떨어진 좌석에 앉아 있던 신사가 일어나 차장에게로 다가와서는
  "실례합니다. 저에게 한 가지 제안이 있습니다만……."
라고 했다.

차장이 반기며

"어떤 제안이신지, 어서 말씀해 보십시오."

라고 하자, 신사는

"먼저 창문을 여는 것입니다. 그러면 시끄러운 한쪽이 죽을 것입니다. 나중에 창문을 닫아야지요. 그러면 나머지 한쪽도 죽을 것이므로 여타 승객들은 모두 조용히 여행할 수 있지 않겠습니까." ♣♣

Joke & Humor

독설가 존슨

극작가이자 시인이며 평론가인 존슨은 어디에 초대되어 가서도 내 온 음식을 보고 흉보는 버릇이 있었다.

그것도 아주 지독하게 깎아내리고 혹평을 하므로 함께 식사하던 사람조차 식욕이 떨어지고 분위기가 엉망이 되곤 하였다.

어느 날 그는 식탁에 나온 음식을 보자 역시 혹평했다.

"이건 돼지 먹이야, 사람이 먹을 음식이 못 돼!"

그런데 이 말을 들은 그 집 아주머니가 만만치 않은 사람이었다.

"어머나! 잘 맞히네요. 한 접시 더 갖다 드릴게요!"

그 이후로 벤 존슨은 자기의 독설을 삼가게 되었다. ♣♣

3

Joke & Humor

창과 방패

Joke & Humor

성 장

옛날, 중국 송(宋)나라에 사는 어떤 사내가 모종이 늦게 자라는 것에 조바심치다가 어느 날 한 포기, 한 포기 잡아 늘리고는 저녁 때가 되어서야 지쳐 집에 돌아왔다.

그리고 집사람들에게

"모종의 성장을 돕다 보니 오늘은 몹시 피곤하구나."

라고 했다.

아들이 그 소리를 듣고 밭에 달려가 보았더니 모종은 모두 말라 있었다.♣♣

[출처 : 『맹자』 공손축편]

창과 방패

옛날, 초(楚)나라에 사는 한 남자가 방패와 창을 팔고 있었다. 그는 방패를 손에 들고는

"암벽 같은 이 방패로 말할 것 같으면 이 세상 그 어떤 예리한 창으로도 뚫을 수 없습니다."

그리고 창을 손에 잡고는

"이 예리한 창으로 말할 것 같으면 이 세상 그 어떤 방패라도 능히 뚫을 수 있습니다."

라며 성능을 자랑했다. 그것을 구경하던 한 사나이가

"그렇다면 당신의 그 창으로 당신의 그 방패를 찌른다면 결과는 어떻게 되겠소?"

라고 묻자, 남자는 대답할 길이 없었다. ♣♣

[출처 : 『한비자』 난편]

따라한 찌푸림

오(吳)나라와 월(越)나라가 생사를 걸고 다투었을 때, 월왕 구천(句踐)이 오왕 부차(夫差)의 마음을 풀어 놓기 위해 그가 가장 총애했던 절세의 미녀 서시(西施)를 부차에게 바쳤다.

서시는 시골 마을에 살았을 때, 가슴앓이를 하고 있었으므로 그 고통 때문에 늘 눈썹을 찌푸리고 다녔다. 그러나 같은 마을에 사는 못난 처녀들은 그것을 매우 아름답게 느꼈다. 그래서 처녀들은 집에 돌아가 자신도 서시처럼 눈썹을 찌푸리고 다니면 사람들이 아름답게 보아줄 것이라 믿어 곧바로 서시의 흉내를 내고 다녔다.

그러나 그들을 본 마을 사람들은 질겁을 하고 부자들은 문을 닫아 걸고 출입을 삼갔으며 가난한 사람들은 식솔을 이끌고 다른 마을로 이사를 갔다. ♣♣

[출처 : 『장자』 천운편]

닭도둑

날마다 이웃집의 닭을 훔치는 사내가 있었다.
어떤 사람이 그 사내에게
"그런 행동은 군자(君子)가 할 짓이 아닐세."
라고 충고하자,
그 사내가 이르길
"그렇다면 조금 줄여서 올해는 한 달에 한 마리씩 훔치기로 하고, 내년이 되면 손을 씻기로 하겠네."
라고 하였다. ♣♣

[출처 : 『맹자』 등문공편]

Joke & Humor

호랑이의 위세를 빌린 여우

옛날 중국 초나라의 선왕(宣王)이 군신들을 모아 놓고
"짐이 듣기에 북방의 여러 나라들은 우리나라의 재상인 소해휼(昭奚恤)을 두려워 한다는데 사실은 어떠한가?"
라고 물었으나 아무도 선뜻 나서 대답하는 자가 없었다.
그러자 유세가인 강을(江乙)이 한 걸음 앞으로 나와
"호랑이는 백수의 왕으로 두려워하지 않는 동물이 없습니다. 어느 날 호랑이가 여우를 잡아먹으려 하자 여우는 다음과 같이 말했습니다."
선왕은 호기심 어린 눈길로 강을을 바라보며
"그래, 어떤 말을 했단 말인가."
"당신은 나를 잡아먹어서는 안 됩니다. 왜냐하면 천제(天帝)님께서는 나를 백수의 왕으로 임명하셨기 때문입니다. 그러니 당신이 나를 잡아먹는다는 것은 천제님의 뜻을 거역하는 것입니다. 만약 내 말이 믿어지지 않는다면 내가 당신 앞에 서서 걸어갈 테니 뒤에 따라오면서 모든 짐승들이 나를 보고 어떻게 행동하는가를 직접 확인하십시오. 백수는 내가 두려워 모두들 달아날 것입니다.

호랑이는 고개를 끄덕이고 확인하기 위해 여우와 함께 출발했습니다. 여우와 호랑이의 모습을 보자 모든 짐승들은 달아났습니다. 호랑이는 모든 동물이 자기를 겁내어 달아난다고는 생각지 못하고 여우가 무서워 그러는 것으로 믿었습니다.

이제 전하의 땅은 사방 오천리, 군병은 백만에 이르며, 이 모든 것을 전하는 소해휼에게 맡겨 놓으셨습니다. 북방의 나라들이 소해휼을 두려워하는 것은 사실은 전하의 권세를 두려워하는 것으로, 마치 백수들이 여우가 아니라 호랑이를 두려워하는 것과 같은 이치인 것입니다." ♣♣

[출처 : 『전국책』 초책]

조삼모사

　옛날 중국 송(宋)나라에 견공이라는 사람이 있었다. 그는 원숭이를 애호하여 많은 원숭이를 길렀다. 견공은 능히 원숭이의 속마음을 읽을 수 있었고, 원숭이 역시 견공의 심중을 헤아렸다. 이러다 보니 견공은 가족의 양식을 줄이면서까지 원숭이의 식량을 부족함 없이 공급했다.

　하지만 점차 견공의 생활 형편이 여의치 않게 되었다. 그래서 원숭이의 식량을 줄이려고 하였지만 원숭이들이 자신을 원망할 것 같아 궁리 끝에 우선 다음과 같이 제안했다.

　"이제부터는 너희들에게 주는 도토리를 아침에는 3알, 저녁에는 4알로 정하겠는데, 어떠냐?"

　그러자 원숭이들은 일제히 일어나 화를 내기 시작했고 그래서 견공은 다시 제안했다.

　"그래, 알았다. 그렇다면 너희들에게 주는 도토리를 아침에는 4알, 저녁에 3알로 정하겠다. 이러면 되겠지."

　그러자 원숭이들은 모두 만족한 얼굴로 반겼다. ♣♣

[출처 : 『장자』 제물론편, 『열자』 황제편]

기 도

  어떤 부부가 함께 효험이 있다는 돌부처님께 소원을 빌었다. 그때 남편은 아내가
  "그저 더도 말고 덜도 말고 백미 40석만 가질 수 있게 해 주십시오."
라고 비는 소리를 듣고는 매우 언짢은 표정으로
  "이 사람아, 이왕이면 몇 천 석 정도로 빌 것이지, 왜 그렇게 작게 비는 거야."
  그러자 아내는
  "그보다 더 많으면 당신은 첩질이나 할 것이니까." ♣♣

[출처 : 『한비자』 내저설편]

Joke & Humor

제인에게 일처 일첩

옛날 제나라에 일처(一妻), 일첩(一妾)과 함께 사는 사내가 있었다. 그는 매일 외출해서는 거나하게 술을 마시고 귀가했다.

그의 처가 도대체 누구와 마시고 오느냐고 물으면 그때마다 부자나 또는 저명한 사람의 이름을 대며 그들과 마셨다고 대답했다.

어느 날 처가 첩에게 하소연했다.

"우리 남편은 외출할 때마다 술과 고기를 배불리 먹고 돌아오는데, 누구와 마셨냐고 물으면 부자나 지체가 높은 분들의 이름을 대지만 오늘날까지 단 한 번도 그런 귀인들이 우리 집을 방문한 적이 없었네. 아무래도 수상하니 내 오늘은 몰래 남편의 뒤를 밟아 진실을 밝혀 볼 생각일세."

첩도 평소 의아하게 생각했던 터라 기꺼이 동의했다.

처는 남편에게 들키지 않도록 몰래 뒤를 밟기 시작했다.

남편은 하는 일 없이 거리를 빙빙 돌아다녔지만 아무도 인사하는 사람이 없고, 누구 한 사람 걸음을 멈추고 남편과 대화하는 사람도 없었다.

그러다가 오후가 되자 결국 남편은 시내를 벗어나 성동의 묘지로 가서는 거기서 제사를 지내는 사람들로부터 제물의 퇴물을 얻어먹고 그것도 모자라는지 또 다른 묘지로 옮겨가 얻어먹곤 했다.

날마다 거나하게 취해서 돌아오는 남편의 행태를 처음 알게 된 처는 서둘러 집으로 돌아와 첩에게 오늘 목격한 사실을 털어 놓으며

"남편이란 사람은 일생 동안 우러러 보며 따라야 할 존재인데도 우리의 남편은 그런 작자였다니……."

라며 서로 부둥켜 안고 눈물을 쏟았다.

남편은 아내가 뒤를 밟았다는 사실을 조금도 눈치 채지 못하고 오늘도 거나하게 취하여 돌아오자 마자 지난 날과 마찬가지로 오늘은 명사인 누구와 마셨다며 처와 첩에게 자랑하기 시작했다. ♣♣

[출처 : 『맹자』 이루편]

액(厄)막이

 연(燕)나라에 사는 '이계(李季)'라는 사람은 먼 곳으로 출타하는 일이 잦았다. 그가 집을 비운 사이 이계의 아내는 어떤 사내와 밀통을 했다.
 어느 날 이계가 예고 없이 불쑥 집으로 돌아왔다. 그때 간부(姦夫)는 침실에 있었다. 이계의 아내가 당황하여 어찌할 바를 몰라 하자 하녀가 계책을 제안했다.
 "저 사람을 발가벗기고 머리를 풀어헤쳐 앞문으로 뛰어 달아나게 하세요. 우리는 모두 입을 맞추어 아무것도 보지 못했다고 우기면 무사히 넘어갈 수 있을 것입니다."
 간통한 사내는 제안대로 머리를 풀고 알몸으로 뛰어 달아났다. 이계가 그것을 보고
 "저 자는 누구냐?"
라고 소리치자, 가솔들은 모두 입을 맞추어
 "누구를 말하는 것입니까. 우리는 아무것도 보지 못했는데요."

라고 했다.

이계는 더욱 의아하게 생각되어

"이상하구먼. 너희들에게는 아무것도 보이지 않았다면 나는 도깨비라도 보았다는 말인가."

그러자 이계의 아내가

"당신에게만 보였다면 그것은 틀림없이 도깨비였겠지요."
라고 했다.

"그럴지도 모르겠군. 아니, 그렇다면 나는 어떻게 해야 하지."

"머리에다 축생의 소변을 쏟아 부으면 도깨비를 쫓을 수 있다 하던데……"

"어쩔 수 없지. 그렇게라도 합시다."

그런 다음 이계는 도깨비를 쫓기 위해 기어코 가축의 소변을 머리 꼭대기에 뒤집어 썼다. ♣♣

[출처 : 『한비자』 내모설편]

Joke & Humor

당 번

한(韓)나라의 희후(僖候)가 욕탕에 갔더니 탕 속에 작은 돌멩이가 들어 있었다.

희후는 측근에게 물었다.

"이 욕탕의 현재 담당자를 면직한다면 후임자가 내정되어 있는가?"

"네, 정해져 있습니다."

"그 사람을 불러 보게."

측근이 그 사람을 불러오자, 희후는 그 사내를 꾸짖었다.

"왜 욕탕 속에 돌멩이를 넣었느냐?"

그러자 그 사내는 이실직고했다.

"사실은, 욕탕 속에 돌멩이를 넣어 놓으면 담당자는 면직될 것으로 생각했습니다. 담당자가 면직되면 내가 후임이 될 것이므로, 그래서 넣은 것입니다." ♣♣

[출처 : 『한비자』 내모설편]

태 자

정군(鄭君)이 중신(重臣)인 정소(鄭昭)에게 물었다.
"태자(太子)는 요즘 어떻게 지내는가?"
그러자 정소가 대답했다.
"태자 전하는 아직 출생하지 않았습니다."
"그게 무슨 말인가. 엄연히 태자는 책봉되어 있지 않은가."
"예, 그렇습니다. 전하께서는 분명히 태자 책봉을 하셨습니다. 하지만 전하의 호색이 멈추지 않는 한 총애하시는 비빈에게서 계속 공자님을 출생하실 것이고, 공자님이 출생하신다면 전하는 그 공자님을 편애하게 되실 것입니다. 그렇게 되면 지금의 태자님을 폐하고 그 공자님을 태자로 책봉하려 하실 것입니다. 때문에 태자는 아직 출생하지 않았다고 아뢴 것입니다." ♣♣

[출처 : 『한비자』 내모설편]

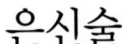

은신술

 어떤 사내가 친구로부터 은신초라는 귀한 풀을 얻었다. 친구의 말에 의하면 '이 풀을 소지한 경우 다른 사람 눈에는 자신의 모습이 보이지 않는다.'고 했다.

 다음 날 사내는 그 풀을 주머니에 깊숙이 넣고 시장에 가서 어떤 사람의 돈을 낚아채 도망쳤다.

 피해자가 추격하여 뒷덜미를 거머잡고는

 "야, 이 도둑놈아!"

라며, 때리고 걷어찼다.

 그는 맞으면서도

 "당신이 아무리 나를 때려도 당신 눈에는 내 모습이 보이지 않을 거다."

라며 즐거워했다. ♣♣

쌀자루

 어떤 아낙네가 남편이 출타한 사이 정부를 끌어들여 밀통하고 있었다. 희락이 한참 무르익을 즈음에 남편이 귀가하였으므로 아낙네는 급한 김에 정부를 자루 속에 넣어 방 한쪽 구석에 밀쳐 놓았다.
 남편이 그것을 눈치채고
 "저 자루에는 무엇이 들어 있는가?"
라고 물었다.
 아낙네가 어찌할 바를 몰라 선뜻 대답을 못하자, 자루 속의 사나이가 대답했다.
 "네, 여기 들어 있는 것은 쌀입니다." ♣♣

Joke & Humor

어부지리(漁夫之利)

조(趙)나라가 연(燕)나라를 침공하려고 하였을 때 유세가인 소대(蘇代)가 연나라를 위해 조나라의 혜왕(惠王)을 설득하러 갔다.

"오늘 소생이 이곳으로 오는 도중 역수(易水)를 건널 때 목격한 사실을 말씀드리겠습니다. 대합 조개가 껍질을 크게 벌려 햇볕을 쪼이고 있었습니다. 그러자 도요새가 날아와 그 속살을 쪼아 물었고 조개는 껍질을 닫아 도요새의 부리를 꽉 조여 물었습니다. 도요새가 대합 조개에게 '오늘 하루 비가 오지 않고, 내일도 비가 오지 않는다면 대합 조개는 죽음을 면할 수 없을 거다' 라고 하자,
대합 조개도 도요새에게 '오늘도 부리를 놓아주지 않고, 내일도 놓아주지 않는다면 도요새는 죽음을 면치 못할 거다.' 라고 응수하여 양쪽 모두 지려고 하지 않았습니다.
그러는 중에 마침 그곳을 지나던 어부가 이게 웬 떡이냐며 둘을 한꺼번에 잡아갔습니다.

그런데 지금 전하께서는 연나라를 침공하려 하시는데, 연나라와 조나라가 언제까지나 서로 다투어 백성들의 생활을 궁핍하게 만든다면 진(秦)나라가 어부가 되지 않겠습니까. 소생은 그것을 염려하는 것입니다."

"맞는 말이오."

혜왕은 감복하고, 침공을 포기했다. ♣♣

[출처 : 『전국책』 연책]

장 화

  두 형제가 돈을 나누어 내어 장화 한 켤레를 샀지만 늘 형이 신고 다녀 동생은 불만이 많았다.

  그래서 동생은 밤에 형이 잠든 후에야 장화를 신고 온 동네를 돌아다녔고 너무 돌아다닌 관계로 그 장화는 얼마 못 가 너덜너덜해져 못 쓰게 되었다.

  형이

"다시 돈을 추렴하여 장화를 사자."

라고 제안하자,

  동생은 고개를 저으며

"싫어요. 장화를 사면 잠 잘 시간을 빼앗기니까."

라며 응하지 않았다. ♣♣

꿈 속

생활 형편이 넉넉지 못한 최서방이 꿈속에 명주 한 필을 얻어 가슴에 품고 있다가, 날이 새자 서둘러 염색 공방으로 달려가
"명주 한 필 염색해 주시오."
라고 했다. 염색 공방 주인이
"명주는 어디 있습니까?"
라고 묻자, 최서방은 그제서야 깨달은 듯,
"아뿔싸! 꿈속에 잊어먹고 왔네요." ♣♣

생명의 은인

 김서방은 죄를 지은 최부자로부터 돈을 받고 그를 대신하여 관가에 가 태형을 받기로 했다.

 김서방은 받은 돈을 볼기를 치는 관졸에게 바치고, 가볍게 살짝살짝 쳐달라고 부탁했다.

 볼기를 맞고 석방된 김서방은 비슬비슬 걸어 최부자 댁에 가자 머리를 땅에 조아리며 말했다.

 "생명의 은인이시여! 당신께서 돈을 주지 않으셨다면 저는 혹독한 매에 못 견디고 장(杖)살되었을 것입니다." ♣♣

도둑에게 부탁

가난한 선비의 집에 도둑이 숨어 들었으나 들고 나갈만한 것이라고는 아무것도 없었다.

"야, 이건 해도 너무하군!"

도둑이 혀를 차며 나가려 하자, 집주인이 황급히 일어나 베개 밑에서 엽전 한 푼을 꺼내 들고

"밤손님, 잠깐만요!"

라며 동전을 건네주고, 머리 숙여 부탁했다.

"손님께서 모처럼 어려운 걸음 하셨는데 빈손으로 가시게 해서 참으로 면목 없습니다. 하지만 사람들에게는 부디 비밀로 해 주십시오. 부탁입니다." ♣♣

Joke & Humor

증명서

차용증서를 들고 돈을 빌리러 온 남자에게 전주가 말했다.
"차용증은 필요 없네. 이것보다는 자네의 웃는 모습을 그린 그림을 가져오게나."
"왜 그림을 요구하십니까?"
"후에 빚 받으러 갔을 때 그 그림을 자네에게 보이려고 그러네."♣♣

뒤치다꺼리

어떤 사내가 뒷간에 갔더니 옆 뒷간에 먼저 들어와 있던 여인이 말을 걸어왔다.

"저기요, 종이를 가져오지 않아 그러는데, 저에게 종이를 주신다면 당신의 아내가 되어 드릴게요."
라고 했다.

그러자 사내는 자기가 사용하려던 종이를 문틈을 통하여 여인에게 전해 주었다.

하지만 여인은 그 종이를 사용하자마자 그대로 나가버리고 말았다. 사내는 다급하게 소리쳤다.

"이봐요! 결혼은 약속받았지만, 내 엉덩이는 어떻게 뒤치다꺼리하란 말이오." ♣♣

현장 검증

  어떤 사내가 귀를 물어 뜯겼다면서 관가에 달려와 고변했다. 아전이 피고를 불러
"그대가 저 사람의 귀를 물어 뜯었는가?"
라고 묻자, 피고는
"아닙니다. 내가 한 짓이 아닙니다. 그것은 저 사람 자신이 물어 뜯은 것입니다."
라고 대답했다.
  그 말을 듣자 배석했던 역졸이 아전의 등 뒤에서 자신의 귀를 잡고 빙글빙글 돌기 시작했다. 아전이 뒤를 돌아보며
"이놈! 여기가 어디라고 그런 장난이냐!"
라고 소리치자, 역졸은
"예, 저는 다만 현장 검증을 하고 있습니다요."♣♣

꿈

 어떤 사내가 지난 날 정분을 텄던 여인을 오랜만에 찾아갔더니, 여인이
 "아유, 오랜만에 오셨군요. 지난번에 다녀가신 이후 나는 하루도 빠짐없이 날마다 당신과 함께 식사하고, 당신과 함께 잠자며, 당신과 함께 즐기는 꿈만 꾸었답니다. 아마도 당신을 사모하는 마음이 가득하여 그런 꿈만 꾸게 되었나봐요."
라고 했다.
 그러자 사내는 빙긋이 웃으면서
 "오, 그랬었군. 사실은 나 역시 그대 꿈을 꾸었다네."
 "그게 정말이에요? 어떤 꿈을 꾸셨나요?"
 "내가 꾼 꿈은 그대가 한 번도 나를 꿈꾸지 않았다는 꿈이었다네." ♣♣

빗장

 어떤 목수가 대문에 빗장을 단다는 것이 잘못하여 안쪽에 달지 않고 바깥쪽에 달았다. 집주인이 화가 잔뜩 나
 "당신 눈이 먼 것 아니오!"
라고 나무라자, 목수는 지지 않고
 "눈이 먼 사람은 내가 아니고 당신이겠지요."
라고 맞받았다.
 "눈 먼 사람은 나라니, 그게 무슨 소리요?"
 "눈이 멀었기에 나와 같은 목수를 고용했을 것 아니오."

귀한 손님

 어떤 남자가 한 음식점에 들어갔더니 식당 안에는 먼저 온 손님이 한 사람도 없고, 분위기도 매우 깨끗했다. 괜찮은 식당이다 싶어 자리를 잡고 앉으려는데 주인이 나타나
 "대단히 죄송합니다만…."
하면서 밧줄로 남자를 의자에 묶어버렸다.
 남자가 당황하여
 "아니, 이게 무슨 짓입니까! 왜 이러십니까?"
라고 분노하자,
 주인이 대답했다.
 "이 사람이 이웃집에 불씨를 얻으러 간 사이 당신이 도망칠까봐 묶어 두는 것이니 양해하십시오." ♣♣

중매쟁이

가난에 쪼들리는 남자에게 어떤 선배가 조언했다.
"무엇 때문에 그 고생을 하시는가? 중매쟁이에게 부탁하게나."
"중매쟁이에게 부탁한들 무슨 소용이 있겠습니까. 나 같은 가난뱅이에게 시집 올 사람이 없을 텐데……."
"마누라는 얻지 못할지라도 부자는 될 수 있을 걸세."
"그게 무슨 말씀입니다?"
"어떤 가난뱅이라도 중매쟁이는 부자로 둔갑시킬 수 있으니까 말일세." ♣

느림보

성질이 꽤나 느긋한 한 남자가 친구와 불을 쬐며 담소하고 있을 때, 친구의 옷소매에 불이 붙어 타는 것을 발견했다.

"사실은 얼마 전부터 무엇을 발견했는데, 자네는 성질이 하도 급해 말하지 않는 것이 좋을 것도 같고, 하지 않자니 자네가 다칠 것도 같아, 이거 어떻게 해야 좋을지 모르겠군……."

"도대체 그게 무슨 소리인가?"

라고 친구가 반문하자,

"묻는데 대답하지 않을 수 없구먼. 사실은 자네 옷소매에 불이 붙어 아까부터 타고 있구먼……."

"왜 빨리 일러주지 않았나!"

라며 친구가 화를 내자,

"거 보게나, 자네는 성질이 급하다고 생각했었는데 역시 그렇구먼!"♣♣

급한 성질

성질 급한 사내가 있었다. 그는 늘 아내에게 입버릇처럼
"이 세상에 나만큼 성급한 자는 없을 거야. 나는 틀림없이 애가 타서 죽을 걸세."
라고 했다.

어느 날 이 사내가 우동 가게에 들어 가서는 앉기도 전에
"왜 빨리 우동을 내오지 않느냐."
라며 독촉을 했다.

그러자 그 소리가 끝나기도 전에 주인이 우동 그릇을 들고 와 테이블 위에 그릇을 놓자마자 바로 내용물을 쏟아 버리고는
"왜 한꺼번에 들이키지 않는 거요? 빨리빨리 그릇을 씻어야 하는데……."
라고 했다.

화가 난 사내는 집으로 돌아가 아내에게 하소연했다.
"나보다 더 성급한 놈이 있더군! 그를 이기기 위해서는

나는 이제 죽는 수밖에 없구려."

아내는 그 말을 듣자,

"그렇다면 나는 재혼할 거예요."

라면서 곧바로 이웃 마을 사내와 재혼했다. 그런데 재혼하고 하룻밤이 지나자 두 번째 남편이

"당신과 이혼해야 겠소."

라고 했다.

깜짝 놀란 여자가

"나에게 무슨 허물이 있단 말이요?"

라고 항의하자,

"결혼을 했음에도 아직 자식도 없지 않소."♣♣

건망증

김서방은 대나무를 베어 오려고 자그마한 톱을 들고 대밭으로 들어갔지만 갑자기 큰 것이 마려워 톱을 놓고 볼일을 보았다.

볼일을 보면서 머리 위를 쳐다보니 큰 대나무가 쭉쭉 뻗어 있으므로

"그래, 대나무가 필요했었는데 마침 여기 좋은 대나무가 있군. 톱을 가져오는 걸 깜박 잊었네."

라며 중얼거렸다.

드디어 볼일을 끝내고 일어서자 가까이에 톱이 있는 것을 발견하고는

"오, 안성맞춤으로 여기 톱이 있었네."

라며 톱을 들고 대를 골라 자르려 하다가 하마터면 방금 전 자기가 배설한 것을 밟을 뻔 하자,

"도대체 어떤 자가 이런 곳에 와서 똥을 싸지른 거야!"

라고 화를 버럭 냈다. ♣♣

아까운 술

'이팔주'라는 사람이 길을 가다 술이 한 되 정도는 들어 있음직한 병을 주웠다.

"이게 웬 떡이냐. 아니, 웬 술이냐!"

라며 술을 데우는 사이에 그만 잠에서 깼다.

일장춘몽(一場春夢)이었다.

"아유, 아까워라. 차갑더라도 그냥 마셨으면 좋았을 것을……." ♣♣

Joke & Humor

이 사

박사장은 조용한 분위기를 즐기는 사람이지만 공교롭게도 집은 대장간과 대장간 사이에 끼어 있어 아침부터 저녁까지 시끄럽기 그지없었다.

그래서 가까운 이웃 사람에게 늘 이렇게 하소연했다.

"저 두 집이 이사만 가준다면 내 크게 한 턱 쓰겠오."

그러자 어느 날 두 대장간 주인이 함께 찾아왔다.

"이번에 우리 두 집이 이사를 하게 되었습니다. 사장님께서 한 턱 쓰신다 하셨기에 인사를 드리려 왔습니다."

"언제 이사를 하시나요?"

"내일 함께 이사를 합니다."

원하던 바가 쉽게 이뤄진 박사장은 크게 기뻐하며 그날 저녁 술상을 차렸다. 술이 몇 순배 돌자 그들에게 물었다.

"그런데 두 분께서는 어느 곳으로 이사를 가시는지요?"

"아, 네. 이 사람은 우리집으로, 나는 이 사람 집으로 이사 가기로 했습니다." ♣ ♣

소도둑

  수갑이 채워진 채 교도관에 이끌려 재판장으로 향하는 사나이에게 친구가 물었다.

"자네는 도대체 무슨 죄를 지었기에 그 고생인가?"

"길을 가다가 새끼줄 하나가 떨어져 있기에 그걸 주웠다네."

"새끼줄을 주운 정도로 어찌 죄가 된단 말인가?"

"그 새끼줄 끝에 어떤 물건이 매여 있었거든."

"그게 무엇인데?"

"집에 가 보니 송아지가 한 마리 딸려 왔었네." ♣♣

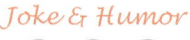

대머리

 한 형리(刑吏)가 죄를 지은 승려를 유배지로 호송하는 중에 날이 저물어 숙박을 하게 되었다.
 저녁에 승려는 술을 사 형리를 크게 취하게 하고, 형리가 곯아떨어지자, 그의 머리를 대머리로 깎은 다음, 목에 새끼줄을 걸어놓고는 줄행랑을 쳤다.
 이튿 날 아침, 눈을 뜬 형리는 죄인의 모습이 보이지 않자, 당황하여 자기의 머리를 더듬어 보니 두발이 없고, 게다가 목에는 새끼줄까지 매여 있어, 깜짝 놀라 소리쳤다.
 "대머리 승려는 틀림없이 여기 있군. 헌데, 도대체 나는 어디로 도망쳤단 말인가." ♣♣

급 행

 급한 공문서를 역졸 편으로 보내기 위해 관아에서는 역마를 내어 주었지만 그 역졸은 말에는 타지 않고 고삐를 잡은 채 말과 함께 뛰기 시작했다. 의아하게 생각한 역관의 관원들이
"왜 말을 타지 않느냐."
라고 묻자, 역졸은 달리면서 소리쳤다.
"급하기 때문이오. 네 발로 뛰기보다는 여섯 발로 뛰는 것이 빠를 테니……." ♣♣

자루 속의 돈

 어떤 사나이가 자루를 들고 시장에 쌀을 사러 갔지만 도중 어딘가에서 자루를 떨어뜨린 관계로 빈손으로 집에 돌아가 아내에게 말했다.
 "오늘은 시장이 무척이나 번잡하였으니 자루를 잃어버린 사람이 꽤나 많았을 거요!"
 "설마 당신도 자루를 잃어버린 건 아니겠지요?"
 "그렇게 혼잡하면 천하의 호걸인들 어쩔 수 없었을 거요."
 아내는 깜짝 놀라면서
 "역시, 잃어버렸군요. 설마하니 돈까지 떨어뜨린 건 아니겠지요?"
 "그건 걱정하지 않아도 될 거요. 돈이 새지 않도록 자루 주둥이를 단단히 묶어 두었으니까."♣♣

최초의 소리

  손님 앞에서 주책없이 한 방 발사한 김 주사는 그것을 숨기려고 손가락으로 테이블을 문지르면서 계속 비슷한 소리를 내고 있었다.
  그러자 손님이
"역시, 처음에 발사한 소리가 가장 비슷한 소리였습니다."
라고 했다.♣♣

Joke & Humor

밭두렁의 호미

두 형제가 밭일을 하다가 점심 때가 되자, 형이 점심밥을 챙기러 집으로 갔다. 그리고 얼마 후, 형이 큰 소리로
"여보게 동생, 식사하러 오시게!"
라고 부르자, 동생도 큰 소리로 응답했다.
"알았어요. 호미를 밭두렁 어딘가에 숨겨 놓고 바로 갈게요."
식사를 하면서 형이 말했다.
"무엇을 숨길 때는 다른 사람이 알지 못하도록 해야지. 자네처럼 그런 큰 소리로 말하면 사람들이 듣고 훔쳐갈지 모르잖아!"
식사를 마친 동생이 바로 밭으로 달려가 보았지만 호미는 이미 도둑맞고 없었다. 그래서 한걸음에 집으로 달려온 동생은 형의 귀에다 입을 대고는
"형님, 밭두렁에 숨겨 둔 호미를 도둑맞았어요."
라고 속삭였다. ♣♣

Joke & Humor

뚝 잘라 절반으로

처음 한양으로 가는 사내가 어떤 사람으로부터
"한양 사람들은 무엇이나 부풀려 말하므로 절반으로 깎아 듣는 것이 이로울 거요."
라는 충고를 들었다. 그 충고를 명심하고,
막상 한양에 도착하여 한 남자를 만나 통성명을 했더니, 상대방이 '장육식'이라 했다.
"오라, 사실은 장삼식이구먼……."이라 생각하고
"가족은 몇 분이십니까?"라고 묻자
"저와 내 아내, 두 사람뿐입니다."라고 했다.
"아니, 이 사람은 마누라도 거느릴 능력이 못 되어 홀아비로 사는구먼."이라 단정하고
"사는 곳은 어디입니까?"라고 묻자
"답십리입니다."라고 대답하니까
'그래, 사실은 답오리에 살면서 내가 궁색한 살림집에 같이 가자 할까봐 일부러 멀리 답십리라 돌려대는 구먼…' ♣♣

거 울

　어떤 아낙네가 장사차 먼 길을 떠나는 남편에게
"이번에 돌아올 때는 선물로 상아 빗을 사다 주어요."
라고 부탁했다.
　남편이
"어떻게 생긴 것 말인가?"
라고 묻자,
　아내는
"저런 모양이면 좋아요."
라며 초생달을 가리켰다.
　남편은 장사를 끝내고 돌아올 때 아내로부터 무엇인가 선물을 사다 달라는 부탁을 받은 기억이 떠올랐다.
"그게 무엇이었던가?"
　골똘히 생각하다가 문득 하늘을 쳐다보니 둥근 달이 머리 위에 밝게 떠 있는 것이 보였다. 그래서 둥근 거울을 사 들고 집으로 돌아갔다.

거울이란 것을 듣고, 본 적도 없는 아내는 자기 얼굴이 거울에 비친 것을 보고는 화들짝 놀라며

"상아 빗을 사다 달랬더니, 고작 한다는 짓이 첩을 끌고 들어왔구먼!"

하여, 크게 부부 싸움이 벌어졌다.

어머니가 소리를 듣고 말리러 왔지만, 거울을 보고는

"아니, 무엇 때문에 돈을 주고 이런 늙어빠진 노파를 사 온단 말이냐!"

라고 화를 내어,

세 사람이 크게 다투다 끝내 재판을 하는 사태에까지 이르게 되었다.

관아에서 달려온 포졸이 증거인 거울을 들여다보고는 깜짝 놀라,

"여기 또 한 포졸이 있군 그래. 내가 도착이 늦었다고 처벌하기 위해 먼저 달려온 모양이군!"

어쨌든 재판이 벌어졌다. 그때 재판관이 법정 탁상 위에 놓여진 증거인 거울을 보고는 크게 놀라며,

"하찮은 부부 다툼인데 무엇 때문에 이 지방의 유명 인사까지 모셔왔단 말인가!"

라며 당황해 했다. ♣♣

Joke & Humor

만 두

   가난한 한 남자가 허기를 견디지 못하게 되자 만두가게 앞에서 큰 소리를 지르며 일부러 쓰러졌다. 만두가게 주인이 깜짝 놀라 연유를 묻자,
  "나는 태어나면서부터 만두가 무서워 만두만 보면 쓰러지곤 합니다."
라고 했다. 그러자 주인이
  "무척 재미있는 녀석이군. 더 놀라게 하여 웃음거리로 만들면 만두가게 선전이 되겠구먼."
생각하며 수십 개의 만두를 넣어 둔 방 안에 남자를 가두어 버렸다.
  그러나 얼마간 시간이 지나도 방 안에서 아무런 소리도 나지 않고 조용하여 주인이 문을 열고 보자, 사내는 수십 개의 만두 중 절반 이상을 먹어치우고 태연하게 앉아 있었다.
  "아까는 보기만 해도 쓰러진 녀석이……."
라며 주인이 눈알을 부라리자, 사내는

"글쎄, 나도 모르겠습니다. 갑자기 만두가 무섭지 않아지는군요."
라고 했다.

화가 잔뜩 난 주인이
"그럼 달리 무서운 것은 없는가?"
라고 묻자, 사내가 대답하길
"특별히 무서운 것은 없습니다만, 녹차나 커피 두서너 잔은 무서울 것 같습니다요." ♣♣

Joke & Humor

형설(螢雪)

 동진(東晋)의 '손강(孫康)'이라는 사람은 집이 무척 가난하여 등잔 기름(燈油)을 살 돈도 없었으므로 겨울에는 눈을 쌓아놓고 그 빛으로 독서를 했다.

 '차윤(車胤)'이라는 사람도 역시 가난하여 등유를 살 돈이 없었으므로 여름에는 얇은 천으로 만든 자루 속에 수십 마리의 반딧불이를 잡아 넣고 그 빛으로 독서를 했다.

 두 사람은 이렇게 밤낮으로 면학에 힘써 후에 손강은 어사대부로, 차윤은 이부상서가 되었다.

 어느 날 손강이 차윤의 집을 방문하였으나 그는 출타하고 없었다. 궁금한 생각에 노비에게

 "대인은 어디 가셨느냐?"

라고 묻자, 노비가

 "반딧불이를 잡으러 가셨나 봅니다."

라고 대답했다.

 그로부터 며칠 후 이번에는 차윤이 답례로 손강의 집을

방문하였더니 손강이 마당 한가운데 우두커니 서서 하늘만 쳐다보고 있었다. 의아한 생각이 들어
"어찌하여 독서를 하지 않고 그렇게 서 있소이까?"
라고 묻자, 손강은 돌아서며 말했다.
"하늘 기상을 보고 있었소이다. 이 기상으로는 당분간 눈을 기대하기 어려울 것 같군요."♣♣

4

Joke & Humor

인색가 군상

양어법

 손님을 초대하여 생선을 대접하게 된 한 남자가 사전에 요리사에게 손님상에는 가급적 작은 생선을, 자신에게는 큰 생선을 올리라고 분부했다.
 막상 주인상과 손님상에 생선이 올려지자, 그것을 본 손님이 한마디 했다.
 "이 사람은 오래 전부터 물고기를 기르는 방법을 연구하고 있습니다. 맑은 물속에 넣어 먹이를 충분히 공급하고, 못 안에 여러 개의 인공섬을 만들어 그 섬 사이를 자유롭게 헤엄쳐 노닐도록 하면 물고기는 빠르게 성장합니다."
 "한 해에 어느 정도 자랍니까?"
라고 주인이 묻자, 손님은 젓가락으로 자기 상에 올려진 생선을 집어 주인 것과 비교하면서 말했다.
 "이렇게 작은 물고기라고 1년도 못 가 주인님의 고기만큼 크게 자랍니다." ♣♣

돈 자랑

어떤 부자 남자가 가난한 친구에게
"나에게는 100억대의 재산이 있다."
라며 자랑을 했다.
그러자 가난한 친구가
"나에게도 100억대의 재산이 있다네. 다만 자네가 모를 뿐이지."
라고 했다.
부자 남자가 깜짝 놀라며,
"정말인가, 도대체 그 많은 재산을 어떻게 분산시켜 놓았는가?"
라고 묻자, 가난한 친구는
"자네는 모아놓기만 했지, 한 푼도 쓴 적이 없지 않은가. 나 역시 쓴 적이 없네. 쓰지 않는다면 있거나 없거나 마찬가지가 아닌가."♣♣

Joke & Humor

강물 속

  50대 후반의 구두쇠 남자가 강물에 빠져 익사하게 생겼다. 당황한 아들이 큰 소리로 주위에 구조를 요청하자, 강물 속의 아버지는 허우적거리면서
  "3만원 정도라면 도움을 받겠지만 그 이상을 요구하면 절대로 도움을 받지 말아."
라며 소리쳤다.
  이후, 그의 생사는 알 수 없었다. ♣♣

약 속

  최돌이라는 사람은 60 평생 살아오는 동안 단 한 번도 손님을 초대하여 대접한 적이 없었다.

  어느 날, 이웃에 사는 김 주사가 잔치를 하는데 협소하다면서 최돌이에게 방을 빌려 달라고 부탁했다. 방값을 받을 수 있으므로 기꺼이 빌려주었는데, 그것을 본 사람이 최돌이집 머슴에게

  "웬일이야, 해가 서쪽에서 뜨겠구먼! 너희 집에서 손님을 초대하다니……."

머슴은 고개를 저으면서 연유를 설명하였다.

  "우리집 주인님의 초대를 받으려면 아마 저승에 가서나 가능하겠지."

그러자 최돌이가 그 소리를 엿듣고 머슴을 크게 나무랐다.

  "이놈아, 정신 나간 소리는 하지도 마라. 설령 저승이라 할지라도 손님을 초대하겠다는 약속 따위를 함부로 하는 것은 천부당만부당한 짓이니라!" ♣♣

Joke & Humor

바 지

어떤 사내가 새로 바지를 하나 만들어 입고 싶었지만 가지고 있는 천이 아까워 선뜻 결정을 내리지 못했다. 찾아간 양복점마다 천을 50cm 정도만 써서 만들어 달랬더니 최소한 1m는 있어야 한다며 거절했다.

그런데 마지막으로 들린 양복점 주인이

"50cm만 있어도 만들 수 있습니다."

라고 하자, 크게 반기어 바로 천 50cm를 잘라 주어 만들도록 했다. 그리고 다음 날, 양복점에 들려 만들어진 바지를 보았더니 반바지에, 그것도 바짓가랑이는 한쪽 뿐이었다.

"이건 입을 수 없지 않소."

라고 항의하자, 양복점 주인은 태연한 투로

"두 다리를 같이 집어넣어 입으세요."

"그럼 움직일 수 없지 않소."

사나이가 다시 항변하자, 양복점 주인은 빙긋이 웃으며

"이만큼 절약하면 움직일 수 없는 것은 당연하겠지요."

평 판

 어떤 남자가 도사에게 부탁하여 집에서 소원을 빌게 되었다. 그런데 막상 기도가 시작되자 도사는 신라의 신들, 백제의 신들만을 초혼하므로 남자가 이상하게 생각하여
 "어찌하여 그토록 아득한 옛날의 신들만을 초혼하는 것입니까?"
라고 묻자, 도사는
 "근세의 신들은 모두 당신이 어떤 작자인지 헤아리고 계시므로 불러 보았자 오지 않으실 것입니다." ♣♣

흰개미

 어떤 부자 나으리가 손님을 초대하였으나 손님에게는 번듯한 상 하나 차려내지 않고 자기 혼자만 내실에 들어가 식사를 하고 나왔다.
 그 낌새를 알아차린 손님이 주인에게
 "이 댁의 건물은 참으로 훌륭합니다만 애석하게도 기둥도 대들보도 모두 흰개미가 갉아먹고 있군요."
라고 했다.
 주인이 의아하게 생각하며
 "그게 무슨 말씀입니까? 우리 집에는 흰개미 따위는 한 마리도 찾아볼 수 없는데요."
라고 하자,
 손님은 빙그레 웃으면서
 "그 놈은 안에 들어가 혼자 파먹고 있으므로 밖에서는 보이지 않는 것이 당연하지요." ♣♣

Joke & Humor

닭이나 오리를 타고

　멀리서 찾아온 손님이 오랜 시간 허기를 참고 기다렸으나 주인장은 내어 놓을 것이 아무것도 없다면서 음식을 차려 올 낌새를 전혀 보이지 않았다.

　마당 한쪽 구석에 닭이며 오리들이 노닐고 있는 것을 목격한 손님이 치밀어 오르는 화를 억누르고

　"식칼을 좀 빌려 주십시오."

라고 했다. 주인이 놀라

　"식칼이라니, 어디에 쓰시려고 그러십니까?"

라고 묻자, 손님이

　"내가 타고 온 말을 요리해 먹으려고요."

　"그럼 가실 때는 무얼 타고 가시려고……?"

　"그거야 선생님 댁의 저 닭이나 오리 중의 한 마리를 빌려 타고 가면 되지 않겠습니까."♣♣

Joke & Humor

초상화

한 부자 영감이 자신의 초상화가 필요하여 화가에게 종이값 1000원, 먹값 1000원, 사례비 1000원 등, 합계 3000원을 지불하고 그리게 했다.

그리고 며칠 후 화가가 그려온 초상화를 보았더니 백상지에 수먹으로, 그것도 뒤돌아 앉은 모습이 그려져 있었다. 영감님이 벌컥 화를 내며,

"초상화는 얼굴을 그리는 것인데 어찌하여 뒤통수를 그린 거요!"

라고 소리치자,

화가는 웃으면서

"영감님에게 무슨 낯짝이 있어야지요."♣♣

맛내기

  어떤 남자가 약주에 물을 탄 손님에게 대접했다. 손님은 그 술을 마시면서 연거푸
  "댁의 요리는 참으로 양념이 잘 되었군요."
라고 칭찬했다.
  남자가
  "아직 요리도 나오지 않았는데 어찌 맛을 아신단 말입니까?"
라고 반문하자,
  손님이 대답하길
  "알고 말고요, 우선 약주로 맛을 낸 이 백탕(白湯)만 하여도 맛이 기가 막히니깐요." ♣♣

Joke & Humor

두부 반찬

 손님에게 점심을 대접하게 된 강선달이 반찬이라고는 달랑 두부 한 쪽만 내어놓고는
 "나는 두부를 생명보다 더 좋아해서요. 이 세상에 두부보다 더 맛있는 반찬은 없을 것입니다. 자, 어서 드십시오."
 몇 개월 후 이번에는 강선달이 그 손님댁을 방문하여 점심을 대접받게 되었다. 강선달이 두부를 무척 좋아한다는 것을 기억하고 있는 주인은 생선찜에 두부를 곁들인 반찬을 내 놓았다. 그러나 강선달은 두부에는 젓가락도 대지 않고 생선만 가려 먹었다. 주인이
 "당신은 지난번에 분명히 생명보다 두부를 더 좋아한다 하셨는데 오늘은 어찌하여 두부는 밀쳐놓고 생선만 드십니까?"
라고 묻자, 강선달은
 "나도 모르겠습니다. 생선을 대하는 순간 왠지 생명도 필요없다는 생각이 들었습니다." ♣♣

특효약

 어떤 의사가 '옴의 특효약'이란 간판을 내어 걸자 곧 한 남자가 그 약을 구입하러 왔다. 남자가 약을 달라고 하자 의사는 턱으로 약장을 가리키며
 "대금을 놓고 거기 있는 약을 가져 가시오."
라고 했다. 손님이 매우 언짢은 얼굴로
 "어찌 이리 무례하단 말이오."라고 항의하자, 의사는
 "무례가 아닙니다. 의사의 양심에서요."
 "양심?"
 "그렇소, 옴약을 사러온 손님에게 옴을 옮겨야 되겠소. 의사로서의 양심이 있어야지."
 "그럼 선생님도 옴에 걸렸단 말이오?"
 "그렇소."
 "허면, 왜 이 약으로 치료하지 않는단 말이오?"
 "나는 남의 병을 치료하기 위해 의사가 되었지 내 병을 고치기 위해 의사가 된 자는 아니오." ♣♣

양 말

 어떤 남자가 양말도 신지 않고 친구 집에 갔다가 그만 개에게 발꿈치를 물렸다. 통증이 심하여 손으로 더듬어 보니 피가 묻어 나왔다. 남자는 아픔을 견디면서 혼자 중얼거렸다.
 "양말을 벗고 오길 천만다행이었군. 하마터면 양말이 찢길 뻔 했잖아!" ♣♣

황소띠

어떤 관리의 생일날에 직원들이 돈을 모아 황금으로 쥐를 만들어 선물했다. 그 관리가 쥐띠 해에 태어났기 때문이다.

관리는 크게 반기며

"귀한 선물 고맙네. 가보로 간직하여 그대들의 호의를 오래도록 잊지 않도록 하겠네. 이왕 말이 나온 김에 일러 두겠는데, 집사람의 생일날도 얼마 남지 않았네. 집사람은 황소띠라는 것을 기억해 두시게나……." ♣♣

토지신

옛날, 중국 어떤 지방의 한 관리가 임기를 끝내고 고향 집으로 돌아와 보니 집 안에 어떤 낯선 노인이 한 분 와 있었다.

"당신은 누구십니까?"

라고 관리가 묻자, 노인은

"당신 전임지의 토지신이요."

라고 했다.

"토지신이 어찌하여 내 집에……?"

관리가 반문하자, 토지신은

"당신이 토지의 껍질까지 벗겨 갔으므로 따라오지 않을 수 없었소이다."

라고 했다. ♣♣

---

*백성으로부터 돈을 긁어가는 것을 옛날 중국에서는 박지피(剝地皮, 토지의 껍질을 벗긴다)라고 표현했다.

교 환

　어떤 남자가 다리를 저는 당나귀를 타고 길을 가는 중에, 앞쪽에서 준마를 타고 오는 사람을 만났다. 그는 가까이 올 때까지 기다렸다가 공손하게 인사를 하며 말했다.
"한 가지 부탁이 있습니다."
"무슨 부탁이오?"
상대가 말을 세우고 묻자,
"이 사람의 이 당나귀와 당신의 그 말을 교환하면 어떨까 해서……."
"당신, 바보거나 약간 돈 사람 아니오?"
그러자 당나귀를 탄 남자는
"천만에요. 나는 혹시 당신이 바보이거나 좀 모자라는 사람이 아닐까 해서 물어본 거요." ♣♣

5

Joke & Humor

이런사람, 저런사람

Joke & Humor

철면피

여러 사람이 모여 설왕설래하는 중에 화제가 '이 세상에서 가장 견고한 것은 무엇일까?' 하는 문제에 미치게 되었다.

한 사람이

"아마도 돌일 것이오."

라고 하자,

"돌은 분쇄할 수 있으니 돌보다는 황금일 것이오."

라는 사람도 있었다.

그러자 뒤쪽에 앉았던 한 사람이

"이 세상에서 가장 견고한 것은 바로 당신의 그 수염인데 어찌 가까이에 두고 먼 곳에서 찾는단 말이오."

라고 했다. 황금이라 했던 자가

"내 수염이라니, 어째서 내 수염이란 말이오?"

라고 반문하자,

"왜냐하면, 당신 수염은 당신의 그 무쇠 같은 얼굴 가죽(철면피)을 뚫고 자라기 때문이오." ♣♣

축의금

강주사 댁에 혼사가 있어 그의 친구인 최주부가 축의금을 들고 축하하러 갔다. 그런데 축의금 봉투에는
"금 일만원 정. 단, 5000원은 빌려간 돈으로 공제."
라 하여, 5000원만 들어 있었다.

그 후에 최주부 댁에도 혼사가 있었다.

그러자 강주사는 빈 봉투에
"금 일만원 정. 단, 5000원은 빌린 돈에서 공제, 5000원은 선불."
이라 써서 들고 갔다. ♣♣

절 반

누가 더하고 덜할 것 없이 방사를 즐기는 부부가 있었다. 너무 지나친 관계로 쇠약해진 남편이 견디다 못해 아내에게 한 가지 제안을 했다.

"나도 살아야겠소. 목숨이 있고서야 그것도 즐길 수 있는 것 아니오. 당신인들 내가 죽게 되면 아쉬울 것 아니겠소. 그래서 제안하는 것인데, 내가 건강을 회복할 때까지는 절반만 넣도록 합시다."

그러자 아내는 예상 외로 쉽게 수락했다.

"절반만요. 좋아요."

그런데 그날 밤, 남편이 절반만 넣자, 아내는 엉덩이를 들어 올려 뿌리까지 확 넣어 버렸다.

"여보, 이건 약속을 어긴 것 아니오."

"어기긴 무엇을 어겼단 말이에요. 내가 약속한 것은 절반이라도 밖에 나오는 것 절반이 아니라 밑둥아리의 절반이었단 말이에요." ♣♣

천연 자연

산동(山東)에 사는 총각이 포주(蒲主)의 처녀와 결혼을 했다. 포주 사람들 중에는 혹이 난 사람이 많고, 장모 역시 목에 큰 혹이 있었다.

결혼하고 나서 몇 달이 지났을 때, 처가에서는 사위된 자가 어쩐지 어리석은 것 같다는 소문이 돌았다. 그래서 처가에서는 한 번 테스트해 보려는 의도에서 잔치를 마련하여 사위는 물론 일가 친척까지 초대했다.

그 자리에서 장인이 사위에게 물었다.

"자네는 산동에서 수학한 모양이니 틀림없이 도리에 밝을 것이라 믿고 한 가지 물어보겠네. 학이 멋들어지게 우는 것은 어떤 연유에서인가?"

그러자 사위는

"천연 자연적으로 그런 것입니다."

라고 대답했다. 장인이 다시

"송백이 겨울에도 푸르른 것은 어떤 연유에서인가?"

"천연 자연적으로 그런 것입니다."

"한 가지만 더 묻겠는데, 길가의 나무에 혹이 난 것은 어떤 연유에서인가?"

"역시 천연 자연적으로 그런 것입니다."

그러자 장인이

"자네는 전연 도리를 모르는 사람이군 그래. 학이 잘 우는 것은 그 목이 길기 때문이고, 송백이 겨울에도 푸르른 것은 속이 충실하기 때문이며, 길가의 나무에 혹이 난 것은 수레바퀴에 긁혔기 때문일세. 그런데 어찌 천연 자연적이란 말인가."

라고 나무랐다.

그러자 사위가

"저의 소견을 말씀드려도 되겠습니까?"

"되고 말고. 어서 말해 보게나."

"꾀꼬리의 울음소리가 고운 것은 목이 길기 때문이겠습니까? 대나무가 겨울에도 푸르른 것은 속이 충실하기 때문이겠습니까? 장모님의 목에 난 큰 혹은 수레바퀴에 긁혀서 그러한 것이겠습니까?" ♣♣

숙 박

  어떤 젊은 선비가 길을 가다 날이 저물어 길가의 한 초가집에 들려 하룻밤 숙박을 부탁했다.
  그 집에는 여자 혼자 있는 듯, 문도 열어보지 않고 방 안에서
  "이 집에는 아무도 없어 재워드릴 수 없습니다."
라고 했다.
  "아무도 없다니, 당신이 계시지 않습니까."
  "아닙니다. 남자분이 아니 계신다는 말입니다."
  그러자 젊은 선비는
  "남자로는 여기 내가 있지 않습니까." ♣♣

화 살

 어떤 남자가 활 쏘는 곳에 구경을 갔다가 운수 사납게 잘못 쏜 화살에 팔목을 맞아 긴급히 외과 병원으로 달려갔다.

 의사가 박힌 화살을 뽑으려고 노력하였으나 좀체로 뽑히지 않아 톱으로 밖에 나와 있는 부분을 잘라내고 붕대를 감은 다음 치료비를 요구했다.

 남자가
"아파서 견딜 수 없습니다. 안에 박혀 있는 화살은 어찌하여 그냥 두는 것입니까?"
라고 항의하자,

 의사는 잠시 망설이다
"글쎄요. 나는 외과 의사라서 속의 것은 잘 모릅니다. 그건 내과에 가 보세요." ♣♣

부스럼

　어떤 아낙네가 왼쪽 유방에 부스럼이 나 몹시 아파 병원에 갔다.
　"유방이 쑤시고 아파서 왔습니다. 봐 주세요."
라며 가슴을 열어 보이자, 의사는
　"어디지요, 어디?"
라면서 계속 오른쪽 유방을 주물렀다.
　아낙네가 화를 내며
　"뭣하는 겁니까. 아픈 쪽은 왼쪽이에요."
라고 하자,
　의사는 당황하며
　"그렇군요, 왼쪽이군요. 이 오른쪽 유방 같으면 아무런 탈도 없습니다만." ♣♣

보증인

  빌린 돈을 갚지 못해 전주로부터 독촉을 받은 한 남자가 궁여지책으로 마른 우물 속에 뛰어 들었다.

  당황한 전주가

  "나오시게, 어서 나오라니까."

라며 달래자, 남자는

  "나가지 않을 겁니다. 나가 보았자 갚을 돈이 없는 걸요."

라고 대답했다.

  "나오기만 하면 차용증을 불살러 버릴 테니 어서 나오게."

  "그건 고마운 말씀이군요. 하지만 나가지 않을래요. 나가 보았자 돈 없는 빈털터리 신세에 살 길이 막막하니까요."

  "이 사람아. 나오기만 하면 당분간 생활할 수 있도록 약간의 금전과 곡식도 줄테니 어서 나오게."

  "아유, 고마워서 어쩌나. 하지만 역시 나가지 않겠습니다. 저에게 절친한 한 친구 녀석이 있는데, 그 녀석은 저

보다도 더 가난뱅이에요. 그 녀석에게 10냥 정도만 빌려 주신다면 나갈 용의가 있습니다만……."
"자네가 빌려간 돈은 아예 없는 것으로 하고, 당분간의 생활책도 마련해 주겠네. 하지만 자네 친구까지 돌보라는 것은 너무하지 않은가, 그건 못하겠네."
"그러지 말고 빌려 주세요. 걱정하지 않아도 됩니다. 보증은 제가 서 드릴게요." ♣♣

열 병

　열병에 걸린 어린 아들에게 의사가 처방해 준 해열제를 먹였더니 얼마 지나지 않아 그만 아들이 숨지고 말았다.
　부친이 의사에게로 달려가 약이 듣지 않았다고 항의하자 의사는 그럴 리가 없다면서 함께 집으로 가 죽은 아들의 시체를 이리 저리 짚어 보더니,
　"열은 고스란히 내렸으니 약의 효험이 없었던 것은 아닙니다. 다만 수명이 다했기 때문입니다." ♣♣

Joke & Humor

방 귀

어떤 의사가 환자에게 약을 복용시킨 후 진지한 표정으로 맥을 짚으면서
"이 약을 복용하면 배가 불룩해지면서 가스가 나올 것입니다. 그러면 안심해도 좋습니다."
라고 했다.
얼마 지나자 '붕' 하는 소리가 났다. 의사는 기뻐하면서,
"보세요. 내가 말한 대로가 아닙니까. 이제는 나을 것입니다. 안심하세요."
그러자 문병객 중의 한 사람이
"선생님, 사실은 지금 방귀는 제가 배출한 것입니다."
라고 했다.
그러자 의사는 잠시 망설이더니
"그래도 상관이 없습니다. 어쨌든 가스가 배출된 것만은 사실이니까요."
라고 둘러댔다. ♣♣

Joke & Humor

약과의 싸움

 아이가 병이 나자 의사가 처방해 준 약을 복용시켰더니 호전되기는커녕 더 심해졌다. 아비된 자가 의사에게로 달려가 사실을 이야기했더니, 의사는
 "염려하지 마십시오. 내가 드린 약이 지금 병마와 싸우고 있어 그런 것입니다."
라고 했다.
 집으로 돌아간 그 아비가 얼마 후에 다시 숨찬 걸음으로 달려와 아들이 숨졌다고 했다.
 그러자 의사는
 "약은 병마와 싸워 이겼지만, 댁의 아드님이 약과 싸워져 버렸군요." ♣♣

의사의 손

장작을 짊어진 나무장수가 의사와 부딪쳤다. 의사는 몹시 화를 내며 당장이라도 후려칠 듯이 팔을 치켜 올렸다. 그러자 나무장수는 황급히 땅에 주저앉아 절하면서
"제발 손찌검은 말아 주십시오. 대신 발로라면 몇 번을 걷어차도 상관없습니다."
라고 했다.
의사는 주먹질도, 발길질도 하지 않고 그냥 가버렸다.
그것을 옆에서 지켜본 사람이 이상하게 생각하여
"어찌하여 발길로 걷어차 달라고 하였나요?"
라고 묻자,
나무장수의 대답인즉,
"그 의사의 손에 걸려든 사람치고 살아난 사람은 한 사람도 없기 때문이었소." ♣♣

Joke & Humor

여 난

어떤 남자가 술과 방사를 지나치게 즐긴 나머지 병이 나 의사의 신세를 지게 되었다.

진찰한 의사가

"이 병은 신허(腎虛)라고 하여, 술과 여색이 과한데서 비롯된 것입니다. 그러니 당분간 여색과 술은 삼가십시오. 그렇지 않으면 생명을 보장할 수 없습니다."

라고 했다.

그러자 곁에 있던 아내 되는 사람이 원망스러운 눈초리로 의사를 노려보는 것이었다. 의사는 여자의 기색을 눈치 채고 재빨리 고쳐 말했다.

"가급적 삼가도록 하고, 적어도 당분간은 금주하도록 하십시오."

그러자 이번에는 환자가

"아니, 술만 말입니까? 내가 듣기로는 이 병에는 술보다 여색이 더 금물이라 하던데 그렇지 않다는 말입니까?"

그러자 아내되는 사람이

"여보, 당신이 뭘 안다고 나서는 거예요."

라고 나무라며

"선생님 말씀을 충실하게 따르지 않으면 병을 고칠 수 없잖아요!" ♣♣

부 자

어떤 돈 많은 부자가 가난한 선비에게
"모든 사람들이 나에게 아첨을 떠는데 어찌하여 그대는 모른 체하는가?"
라고 하자, 가난한 선비는
"당신에게 돈이 있건 없건 나와는 아무 상관없는 일이오. 그런데 왜 내가 당신에게 아첨을 떨어야 한단 말이오?"
라고 쏘아붙였다. 부자가 이번에는
"만약 내가 재산의 절반을 당신에게 준다면 당신은 나에게 아첨을 떨거요?"
"절반을 준다면 당신과 내가 재산이 같은데 무엇 때문에 아첨을 떨겠소?"
"그렇다면 만약 내 재산 전부를 당신에게 준다면 당신은 내 앞에서 아첨을 떨겠소?"
"당신은 한 푼도 없는 빈털터리고 나는 부자인데 무엇이 아쉬워 내가 당신에게 아첨을 떨겠소." ♣♣

Joke & Humor

어버이 마음

그림 한 점도 팔아보지 못한 화가가 있었다. 그의 아내가 여러 번 전업을 종용했지만 화가는 듣지 않았다. 견디다 못한 아내가 친정에 가서 의논하자 친정 아버지가

"너희들 부부의 초상화를 그려서 문 밖에 걸어 두는 것이 어떻겠니?"

"그렇게 하면 초상화를 의뢰하는 사람이 있을까요?"

"글쎄… 없겠지만, 아무튼 그렇게 해 보려므나."

그로부터 며칠이 지났을 때 친정 아버지가 방문하여 그 초상화를 보고는 사위에게 물었다.

"이 여자는 누군가?"

"장인어른의 따님이 아닙니까."

"이 여자가 내 딸이라고? 그렇다면 내 딸은 또 어찌하여 듣도 보도 못한 이 낯선 사내와 나란히 앉아 있단 말인가."

"이 남자는 바로 접니다."

"그럴 리가? 늙은이를 놀리지 말게나." ♣♣

Joke & Humor

거북이

위서(魏書)의 형벌지(刑罰志)에 범죄자의 아내는 몰수하여 천한 직업에 종사시킨다는 기록이 있다.

기원(妓院)을 설치하여 범죄자의 아내를 매음하게 한 것이다. 그렇게 해서 아내를 몰수당한 자를 '낙호(樂戶)'라 했다. 낙호는 모두 녹색 두건을 쓰고 다니도록 하였으므로 그 두건의 색깔과 모양이 꼭 거북의 머리와 흡사하였기 때문에 그들을 '거북이'라 불렀다. 즉 거북이란, 아내가 다른 사람에게 농간 당하여도 항변하지 못하는 사람이란 뜻으로, 크게 능멸하는 호칭이었다.

그런데 어떤 집주인이 집 담장에 소변을 보는 사람이 끊이지 않아 그것을 막기 위해 담장에 거북의 그림을 그려 붙이고, 그 위에

'여기에 소변을 보는 사람은 이것이다.'

라고 적어 놓았다. 하지만 그래도 역시 소변을 보는 사람이 있어, 주인이 발견하고는

"버젓이 눈을 뜨고도 그 그림이 보이지 않는단 말이오?
당신은 그 거북이오."
라고 나무라자,
소변을 본 남자는
"앗, 실수! 막상 거북의 주인이 거기 있을 것이라곤 예상
못했소이다."
라고 하고는 줄행랑을 쳤다. ♣♣

Joke & Humor

비가 오니 사양하지 마시고

"여보, 아이들은 벌써 잠들었어요."
라며 남편이 치근대자,
 아내는 매몰차게
 "안돼요, 내일 비가 오지 않으면 절에 다녀와야 하니 오늘 밤엔 몸을 정갈하게 해야죠. 그러니 참고 잡시다."
라고 했다.
 잠시 지나자 아들 녀석이 이미 잠이 든 엄마를 흔들어 깨우면서 살며시 귓속에 대고 속삭였다.
 "엄마, 비가 오기 시작했어요. 그러니 사양하지 마시고……." ♣♣

모 자

　어떤 남자가 더운 여름철에 겨울 모자를 쓰고 걸어가고 있었다. 동행을 하게 된 다른 남자가
　"이 더운 날에 왜 그런 모자를 쓰고 다니시오?"
라고 묻자,
　"해가리개로 쓰는 거요."
라고 했다.
　"해가리개라면 여름 모자가 훨씬 시원하고 좋을 것 아니오."
　"글쎄요, 당신은 여름 모자를 쓰면 시원한가요?"
　"시원하지는 않지만 덥고 고생스럽지는 않소."
　그러는 사이에 나무 그늘까지 왔다. 겨울 모자를 쓴 남자가 모자를 벗어들며,
　"이것을 벗었을 때의 시원함이란 어찌 다 표현할 수 있단 말이오. 여름 모자로는 결코 맛볼 수 없는 이 상쾌함을……." ♣♣

속임수

  2층에 있는 대식이가 아래층에 있는 소식이를 놀려주려고 소리쳤다.
  "야! 소식아. 너는 머리도 좋고, 사람을 잘 속여 넘기니 어디 나를 속여서 아래층으로 내려오게 해 보렴."
  그러자 소식이는 머리를 저으면서
  "2층에 있는 사람을 속여서 아래층으로 내려오게 하다니, 그건 불가능한 일이야. 밑에 있는 사람을 속여서 2층으로 올릴 수는 있지만."
라고 했다.
  그러자 대식이가 내려와서는
  "좋아, 그렇다면 올려 봐. 나를 속여서 어서 2층으로 올려 봐."
라고 했다.
  그러자 소식이가 이번에는
  "어림도 없지. 어떻게 올라가게 한단 말이야. 못해, 못해!"

라고 했다.

"못한다고? 너는 분명 조금 전에, 밑에 있는 사람을 속여서 2층으로 올릴 수 있다고 했잖아!"

"그건 너를 밑으로 내려오게 하기 위한 속임수였어."

"뭐? 아, 또 당했군!"

그제서야 속은 걸 깨닫고, 대식이가 2층으로 돌아가자 소식이는 소리쳤다.

"알았지, 2층으로 올릴 수도 있다는 걸……." ♣♣

Joke & Humor

오이와 부추

  엉덩이가 무거운 손님이 와서 좀처럼 일어설 줄 몰랐다.
  "오이는 신장을 허약하게 하므로 많이 먹지 않는 것이 좋아. 신장을 보호하기 위해서는 부추가 제일이지…."
  어쩌고 하면서 손님이 떠들자, 주인장이
  "여보, 술을 내 와요!"
라고 소리쳤다. 그러자 아내가 아들에게
  "엄마는 나가고 안 계신다 해라."
라면서 누웠다. 주인장이 다시
  "아, 술을 내오라는데 어찌된 거야!"
  아들이 그 소리를 듣자 객실에 나가 아버지에게 말했다.
  "어머니는 밖에 나가고 안 계세요."
  "술을 사러 가셨나?"
  "아니요, 밭에 갔을 거에요."
  "밭에는 왜?"
  "아마도 오이를 뽑고, 부추를 심으러 갔을 것입니다." ♣♣

독 약

 어떤 스님이 꿀 한 병과 경단 20개를 사와 방 안에서 혼자 몰래 먹기 시작했다. 10개를 먹자 배가 부르기에 동자를 불러 일렀다.
 "지금 내가 외출하려고 하는데, 탁자 위의 경단은 손님용이니 먹어서는 안 된다. 그리고 침대 밑의 병에는 쥐약이 들어 있으니 혹여 꿀이라고 생각하여 먹었다간 죽을 테니 조심하거라."
 스님이 출타하자 동자는 곧장 경단에 꿀을 듬뿍 찍어 맛있게 다 먹어 치웠다. 스님이 돌아와 탁자 위에 빈 접시만 남아 있는 것을 보고는 크게 노하여,
 "어찌 내 경단을 먹었느냐!"
 "경단을 지키다 배가 고파 그만 손을 대고 말았습니다. 모두 먹은 다음에야 잘못했다는 것을 깨닫고 죽어 스님께 사죄하려고 병 속의 독약을 듬뿍 먹었습니다만 어쩐 일인지 아직 목숨을 부지하고 있습니다. 어서 죽여 주세요."

Joke & Humor

역술가

 어떤 역술가가 아들이 가업을 이으려 하지 않자,
 "그렇게 게을러서야 어찌 내 뒤를 잇겠나."
라고 꾸짖었다.
 그러자 아들은
 "그까짓 점 같은 거 배우지 않아도 할 수 있어요."
라고 쉽게 대답했다.
 다음 날, 심한 비바람을 맞으며 한 손님이 점을 치러 왔다.
 아버지는 아들에게
 "너, 배우지 않아도 할 수 있다니 어디 한번 해 보렴."
라고 권하자, 아들은 객실에 나가 손님을 맞이했다.
 "당신은 동북쪽에서 오셨지요?"
 "그렇습니다."
 "당신의 성은 장씨가 맞습니까?"
 "예, 그렇습니다."
 "당신은 부인 때문에 점을 치러 오셨군요."

"그렇습니다만, 그걸 어떻게 아시는지?"
"당신은 내 부친 대신 내가 점을 쳐 드리는 것을 바라시지요?"
"그렇습니다. 동자님이 점을 쳐 주신다면 틀림이 없을 것이므로······."
"나는 아직 부친으로부터 배우는 중입니다. 게다가 아직 연소하여 세상사도 잘 모릅니다. 아버지라면 한 치의 틀림도 없이 점쳐 드릴 것입니다."
손님은 아버지의 점괘를 받고 만족스러운 얼굴로 돌아갔다. 손님이 간 뒤에 아버지가 아들에게 물었다.
"그 손님이 동북쪽에서 왔다는 것을 어떻게 알았니?"
"옷이 젖은 것을 보고 알았지요. 어깨와 등이 많이 젖었고, 특히 오른쪽이 심하게 젖었잖아요. 오늘 바람은 동북쪽에서 불어오니 그 분은 동북쪽에서 서쪽을 향해 오셨다는 증거였어요."
"장씨라는 것은 어떻게 알았느냐?"
"우산 자루에 청하군이라 새겨 있었기 때문이죠. 청하군 사람이라면 십중 팔은 장씨 성이거든요."
"그래, 그건 그렇다 치고, 그 손님이 부인을 위해 점을 치러 왔다는 것은 어떻게 알았니?"

"그건 누구나 아는 일이잖아요. 이런 심한 비바람을 맞으며 올 때는 마누라 명령이니 왔지, 아버지나 어머니가 시켜서야 왔겠어요."

어떤 사람이 이 말을 전해 듣고 아쉬워했다.

"그 아이 꽤나 총명하지만 도덕 교육을 받아야겠네. 사람은 부모를 처자보다 가볍게 생각하지 않는다는 것을 모르니까 말일세……." ♣♣

Joke & Humor

역 술

꽤나 이름이 알려진 한 역술인 앞에 소년이 멈춰섰다.
"무슨 원하는 것이라도 있느냐?"
라고 역술인이 묻자, 소년은
"아닙니다. 내가 아저씨를 봐드리고 있습니다."
라고 했다.
"어떻게 보았느냐?"
라고 묻자,
"아저씨의 점은 전혀 맞지 않는다고 보았습니다."
역술인이 크게 노하여
"이 녀석, 너 어디 사는 똘마니냐."
라고 호통치자, 소년은 태연하게
"억울하면 맞춰 보시지."
라고 응수했다. ♣♣

Joke & Humor

울음소리

늦은 밤에, 어느 대감집 집사가 의사를 찾아와서
"주인댁 어린 도련님이 밤새 울음을 그치지 않으니, 밤중에 대단히 죄송합니다만 가서 봐주시기 바랍니다."
라고 사정했다.

명망가의 부탁이므로 거절하기 어려워 의사는 심부름하는 소년을 데리고 집사를 따라 나섰다.

대감집에 가서 아이에게 약을 먹이자 얼마 안 가 아이는 울음을 그치고 잠이 들었다. 그래서 의사가 돌아가려 하자 그 집주인이 말리면서,
"다시 울면 대처하기 어려우니 오늘 밤은 우리집에서 주무시고 가시면 안 되겠습니까. 이 은혜는 결코 잊지 않고 보답하겠으니 부디 주무시고 가십시오."
라며 애원했다.

의사는 어쩔 수 없이 묵기로 했지만, 잠깐 눈을 붙인 다음 일어나 심부름하는 소년을 흔들어 깨웠다.

"너, 살며시 아기 방 앞에 가서 상태를 보고 오너라. 약을 먹여 재워 놓았으니 울지는 않겠지만 숨소리는 어떤지, 열은 나지 않는지, 잘 살펴보고 오너라."

소년이 일어나 나간 다음 시간이 꽤 흘렀는데도 돌아오지 않았다.

혹시나 약이 과하여 상태가 악화된 것은 아닐까, 하는 걱정이 되어 의사는 직접 가 보려고 일어서는 차에 마침 소년이 돌아왔다.

"어떻게 되었니?"

라고 묻자, 소년은

"아이는 잘 자고 있었고, 숨소리도 정상이었으며 열도 없었습니다."

라고 했다. 의사는 안심하며,

"그래, 잘 됐구나. 헌데, 그렇다면 왜 이렇게 시간이 오래 걸렸니?"

"어린아이가 아니라 주인 마님이 걱정이 되어서요."

"마님이 어떻다는 것이냐?"

"예, 옆방에서 마님의 울음소리가 나 걱정이 되어서 잠시 지켜보느라고……."

"마님까지 신경 쓸 건 없어! 그냥 둬도 되니까."

그러자 소년은 무척 감탄한 듯이
"역시 선생님이시군요. 선생님은 정말 명의십니다. 너무나 잘 아시니까……."
"무슨 뜻이야, 무엇을 너무나 잘 안다는 거냐?"
"선생님이 그냥 두어도 된다는 말씀 말입니다."
"그 말이 어쨌다는 거냐?"
"선생님 말씀 그대로였습니다. 처음에는 마나님이 괴로운 듯이 흐느끼는 소리를 내시더니 차차 울음으로 변했습니다. 마님은 울면서 주인 어른을 불렀습니다. 주인 어른도 무슨 소린가 계속 속삭이면서 간혹 걱정이 되는지 어떻소, 어떻소 하는 코멘 소리를 내었습니다."
"음, 그러고는 어떻게 되었나?"
"주인 어른이 어떤가, 좋나, 좋아?라고 묻자, 마님은 흐느껴 울면서 응, 좋아, 좋아 라고 계속 울먹였습니다."
"그리고, 그 다음에는?"
"그래서 이 정도면 걱정하지는 않아도 되겠다 싶어 돌아왔습니다만 오다가 역시 미심쩍어 돌아가 보았더니 이미 다툼은 끝났는지 울음소리 대신 코고는 소리만 들렸습니다. 그런데 선생님은 어찌하여 그냥 두어도 된다는 것을 아셨나요?" ♣♣

늙은 고기

 늙은 돼지고기를 걸어 놓은 육고간 주인이 점원에게
 "절대로 늙은 고기라고 말해서는 안 되느니라."
라고 단단히 일러 놓았다.
 얼마 후 손님이 오자, 점원은
 "손님, 우리 가게는 절대로 늙은 고기를 팔지 않습니다."
라고 했다. 그러자 손님은 눈치를 채고 그냥 가 버렸다.
 주인이 화를 내며,
 "늙은 고기라고 해서는 안 된다고 그토록 일렀는 데도 왜 네가 먼저 늙은 고기 어쩌고 했느냐."
라며 점원의 뺨을 후려쳤다.
 잠시 지나자 또 다른 손님이 와서 고기를 가리키며
 "이 고기는 아무래도 늙은 고기 같구먼."
라고 하자, 점원은 주인을 돌아보며
 "이번에는 분명 제가 먼저 늙은 고기란 말 꺼내지 않았습니다요!" ♣ ♣

Joke & Humor

양의 눈

어느 집 마나님이 이웃집 양을 훔쳐 와 침대 밑에 감추려다가 아들 녀석에게 들키게 되자

"아들아, 절대로 다른 사람에게 말해서는 안 된다. 알았지?"

라고 몇 번이고 당부했다.

얼마 지나자 이웃집에서는 양을 잃어버렸다고 소리치면서 동네 여기 저기를 찾아 헤맸지만 양을 찾지 못했다.

그것을 지켜 본 아들은 은근히 걱정되기 시작하여 이웃 사람에게

"우리 어머니는 양 따위는 훔치지 않아요."

라고 변명했다.

어머니가 그것을 보고 눈을 크게 떠 아무 말도 하지 말라는 뜻의 눈짓을 하자 아들은 이웃 사람을 향해

"보세요, 우리 어머니의 저 눈은 침대 밑에 있는 양의 눈 하고는 다르지 않아요." ♣♣

마찬가지

 어떤 부부가 대낮에 정분을 나누려 하였지만 아이가 곁에 있어 시작할 수가 없었다. 그래서 이리 저리 달래서 이웃집으로 놀러 보냈다.

 그제서야 안심하고 일을 치르고 있는데 어느 사이 아이가 돌아와 지켜보고 있었다.

 아내가 깜짝 놀라
 "가서 놀지 않고, 왜 바로 돌아왔니?"
라고 소리치자,

 아들이 대답하길
 "그 집 아빠, 엄마도 우리집과 마찬가지로 레슬링을 하고 있어서……."
라며 멋쩍어 했다. ♣♣

Joke & Humor

죽겠다

어떤 부부가 아이들이 잠든 것을 확인하고 방사를 시작했다. 얼마 지나지 않아 부인은 목멘 소리로 죽겠다, 죽겠다며 계속 흐느꼈다.

아들 둘이 그 소리에 눈을 떴지만, 부부는 눈치를 채지 못하고 계속 방사를 이어갔다.

맏이 녀석이 그 모습을 보고 킬킬거리고 웃자, 화가 난 부인이 돌연 팔을 뻗어 맏이 녀석의 머리통을 때렸다.

그러자 동생 녀석이

"형, 엄마는 죽겠다, 죽겠다 흐느끼시는데 울지 않고 웃었으니 맞아도 할 말 없겠지?"

라고 형을 책망했다. ♣♣

Joke & Humor

추워서 붙는 것은 아니야

개가 붙어 있는 것을 보고, 어린 딸아이가
"저 두 마리, 왜 하나로 붙어 있어요?"
라고 엄마에게 물었다.

민망한 질문에 대답이 궁한 어머니가
"아마도 추워서 그럴 거야."
라고 둘러댔다.

그러자 딸아이는
"거짓말! 붙는 것은 춥기 때문이 아니야."
"왜 아니라는 거니, 너가 뭘 안다고…?"
"그렇잖아. 엄마도 아빠하고 더운 날에 가끔 붙으니까 말이야." ♣♣

요강도 없었다

한 부자 과부가 가정부와 단 둘이 살고 있었다.

그런데 어느 날 가정부가 집안 사정으로 그만두고 고향으로 돌아가게 되었다.

과부는 큰 집을 혼자 지키기가 무서워 이웃집 마님에게 머슴을 좀 보내줄 것을 부탁했다.

이웃집 마님은 머슴의 나이 열여덟 살이 되었지만 아둔하고 지각도 없는지라 마음 놓고 과부의 집으로 보내 주었다.

머슴은 과부댁에서 후한 저녁 대접을 받고 술까지 마신 다음 행랑에 나가 깊이 잠이 들었다. 그런데 모처럼 잘 먹어서 그런지 아직 한 번도 써본 적이 없는 머슴의 거시기가 오늘따라 기세 좋게 일어서더니 마침내 바지 사이를 뚫고 나왔다.

과부가 행랑 앞을 지나다 그것을 목격했다.

오랜 과부생활에 사내의 기운찬 거시기를 보자 참을 수

없었다. 음심이 격해져 가만히 머슴의 바지를 벗기고 자기의 옥문을 가져다 살며시 넣고 혼자서 희롱을 하다가 방설하고 말았다.

다음 날, 과부는 간밤의 환희가 그리워 머슴을 또 보내주기를 요청했다.

이웃 마님은 머슴을 불러

"과부댁에는 먹을 것도 많고, 없는 게 없으니 며칠 거기가 있으면 넌 호강을 할게 아니냐? 그러니 오늘 밤도 그 집에 가서 자거라."

라고 했다.

그러나 머슴이 눈을 크게 뜨며

"없는 게 없다니요. 그 집엔 요강도 없나봐요. 그 집 마님이 어젯밤에 제 바지를 벗기고 제 신두에 오줌을 싸던 걸요." ♣♣

6

Joke & Humor

글자 놀이

Joke & Humor

문자학(文字學)

당송(唐宋) 8대가(大家) 중의 한 사람인 왕안석(王安石)이 문자학을 연구하다 어느 날
"파(波)자는 물(水)의 껍질(皮)"
이라면서 즐거워했다.
그러자 소동파(蘇東坡)가
"그렇다면 미끄러울 활(滑)자는 물의 뼈가 되는 거로군!"
라고 응수했다. ♣♣

내 천(川)자

어떤 사내가 아는 글자라고는 내 천(川)자 한 자뿐이었다.

어느 날 편지 한 통이 왔기에 그 편지 속에서 내 천자를 찾아 사람들에게 가르쳐 주어야 겠다는 생각을 하고 열심히 찾아보았지만 좀체 발견되지 않았다.

그러다가 겨우 석 삼(三)자를 발견하자, 그 글자를 손가락으로 톡톡 치면서 중얼거렸다.

"이 녀석, 아무리 찾아도 없더니, 이렇게 자빠져 자고 있었군 그래!" ♣♣

Joke & Humor

려(呂)자와 중(中)자

어떤 부부가 글자라고는 배운 게 없는지라 일상생활에 너무나 아쉬울 때가 많았다.

보다 못한 친구가 그러지 말고 딸아이라도 서당에 보내 글을 배우게 한다면 문맹을 벗어날 수 있지 않겠느냐고 권유하여, 부부는 외동딸을 이웃 마을 서당에 보내기로 했다.

보름 정도 지났을 때 부부는 우연히 마을 사람들이 수군거리는 이상한 소리를 들었다. 딸아이와 서당 선생 사이가 수상하다는 소문이었다.

그리고 보니 요즘 딸아이의 몸가짐이 좀 예사롭지 않았다는 생각이 들었다.

그날 저녁, 부부는 딸아이가 서당에서 돌아오자 방으로 불러 소문의 진위를 따져 물었다.

"어쩔 수 없었어요. 선생님이 글자를 가르쳐 주신다면서 억지로…."

"억지로 어떻게 했단 말이냐?"

처음에는 성 려(呂)자를 가르쳐 주신다 하셨어요.

"그래, 그 려(呂)자를 어떻게 배웠느냐?"

"나는 싫다면서 피하려 했지만 선생님이 꽉 잡고 놓아주지 않았어요."

"아니, 글을 배우러 간 사람이 왜 피하려고 했단 말이냐?"

"잊어먹지 않게 몸으로 가르쳐 주신다지 않아요. 그 성 려(呂)자는 입(口)과 입(口)사이를 선생님의 혀로 이어주는 글자거든요."

"아이고, 망측해라. 그러니 너는 선생님과 입맞춤하고, 거기다 혀까지… 그래, 그 때 너는 왜 크게 소리치지 못했니?"

"소리를 치려해도 칠 수 없었는 걸요. 나를 껴안고 이미 려(呂)자를 쓰고 있었으니까."

"두 사람의 입이 떨어졌을 때 소리치면 쳤을 거 아니냐."

"하지만 입이 떨어지기 전에 이미 가운데 중(中)자를 쓰고 있었거든요."

"중자는 또 어떤 글자이기에?"

"중(中)자라는 글자는 입(口)에 〈—〉(철봉)을 꽂아 넣는 글자에요.

"뭐야, 너 입에 철봉을 꽂아 넣었어?"
"설마하니 그런 짓이야 했겠어요. 가운데 중(中)자에 있는 입 구(口)자는 입(口)은 입(口)이지만 밑에 있는 입(口)인걸요."
"그렇다면 소리는 지를 수 있었을 것 아니냐."
"그럼요. 소리는 지를 수 있었어요."
"왜 크게 소리치지 않았니."
"소리쳤어요. 소리를 치지 않으려 해도 자연히 소리가 쳐지거든요. 내 소리가 커지자 선생님은 곧장 밑에서는 중(中)자를 쓰시면서 위에서는 려(呂)자를 써서 소리를 막았어요."
"참으로 응큼한 선생이로군! 너도 그렇지. 뿌리치고 도망치려면 칠 수 있었을 텐데……."
"뿌리치고 도망치면 가운데 중(中)자가 허물어지는 걸요."
아버지가 크게 한숨을 쉬며 혼자 중얼거렸다.
"망측스러운 짓이로고… 덕분에 나도 성 려(呂)자와 가운데 중(中)자만은 배웠다만……." ♣♣

한 일(一)자

아버지가 아들에게 한 일(一)자를 가르쳤다.

다음 날, 아버지가 걸레로 테이블을 닦고 있을 때 아들이 옆에 다가왔기에 어제 가르쳐 준 글자를 기억하고 있는지 확인하기 위해 걸레로 테이블 위에 한 일(一)자를 크게 쓰고는

"이게 무슨 글자냐?"

라고 물었다.

아들은 고개를 갸우뚱하면서,

"모르겠는데요."

라고 대답했다.

"어제 가르쳐 준 한 일(一)자가 아니냐!"

라고 아버지가 깨우쳐 주자,

아들은 깜짝 놀라면서 말했다.

"단 하룻밤 사이에 어찌 이토록 커졌단 말이에요?" ♣♣

알 수 없는 글자

어떤 승려가 많은 동료들이 모인 자리에서 물었다.
"소리 음(音)자 밑에 마음 심(心)자를 붙이면 무슨 글자가 되겠소?"
그러자 어떤 사람은
"그런 글자는 본 적도 없다."
라고 하고,
어떤 사람은
"언젠가 고서(古書)에서 본 적이 있는 것 같다."
라고 했다.
또 다른 사람은
"많이 본 글자지만 언뜻 생각이 나지 않는다."
라며 고개를 갸우뚱하자,
또 다른 사람은 손가락으로 테이블 위에 직접 글씨를 써 보면서,
"이런 글자는 없다, 없어!"

라고 했다.

  그러자 처음 질문을 던졌던 승려가 빙긋이 웃으면서

  "뜻 의(意)자가 아닙니까!"

라고 하자, 일동은

  "그래요? 그걸 몰랐군!"

라고 말하며 한바탕 웃음바다가 되었다. ♣♣

활(滑)자

  손님이 목로에 앉아 술안주로 전어를 맛있게 먹고 있었다. 마음씨 후한 주인은 손님의 접시가 곧 빌 것 같은 생각이 들자 심부름하는 동자를 불러 접시를 들고 주방에 가 몇 마리 더 담아 오라 일렀다.

  동자는 주방에 아직 전어가 많이 남아 있을 것이라 믿고 가면서 접시에 남아 있는 전어를 먹어 치웠다.

  하지만 막상 주방에 가 보니 전어가 떨어졌다기에 접시를 주방에 두고 빈손으로 돌아와 주인에게 말했다.

  "전어가 떨어진 것 같습니다요."

  "그럼 들고 갈 때 접시에 남아 있던 전어라도 가져와야지!"

라고 나무랐다.

  "가다가 그만 미끄러져 땅바닥에 떨어뜨렸습니다요."

  동자가 다급하여 변명을 하였지만 그 속내를 꿰뚫은 주인은

"거짓말 마라. 하지만 네가 미끄러질 활(滑)자를 쓸 줄 안다면 내 용서해 주마."
라고 했다.

그러자 동자는 손바닥 위에 활(滑)자를 쓰면서
"한 점, 또 한 점, 그리고 또 긴 한 점, 나머지는 뼈(骨)뿐입니다."
라고 했다.

"한 점 또 한 점"
이라는 표현은 조금씩 먹는다는 뜻이기도 하다. ♣♣

옳을 가(可)자

어느 부자 노인이 자기 생일날에 세 며느리를 불렀다.
"오늘 저녁 내 생일잔치에는 여러 친척들이 모일 테니 너희들을 그때 한 사람씩 무슨 글자든 몸으로 글자꼴을 만들어 내게 술잔을 올리거라."
"네, 알겠습니다."
라며, 세 며느리는 합창하듯 대답하고는 물러갔다.

저녁이 되어 축하연이 시작되자 세 며느리도 불려 나갔다.

맏며느리에게는 두 딸이 있었다. 그녀는 왼쪽, 오른쪽 손에 딸 한 명씩 잡고 시아버지 앞에 나가서는

"아버님, 축하드립니다. 저는 간사할 간(姦)자로 아버님께 한 잔 올리겠습니다."
라면서 술잔을 바쳤다.

"그래, 계집 녀(女)자가 셋이니 간사할 간(姦)자가 틀림없구나. 고맙다, 고마워……."
시아버지는 유쾌한 마음으로 잔을 받아 마셨다.

둘째 며느리에게는 아들 하나가 있었다. 그녀는 그 사내아이의 손을 잡고 시아버지 앞에 나가자

"아버님, 축하드립니다. 저는 좋을 호(好)자로 아버님께 한 잔 올리겠습니다."

라며 잔을 올렸다.

"오! 여자 하나에 남자 하나니 역시 좋을 호자가 틀림이 없구나. 고맙다, 고마워……."

노인은 역시 흠쾌(欽快)한 표정으로 잔을 받아 마셨다.

막내 며느리는 결혼한 지 아직 얼마 되지 않아 자식이 없었다. 그녀는 잠시 망설이더니 곧 마음을 굳히고, 혼자 노인 앞에 나가서는

"아버님, 축하드립니다."

라고 인사하고는 치마를 걷어 올린 다음 한쪽 발을 뻗어 시아버지가 앉아 있는 의자 위에 걸쳐 놓고 손가락으로 아래를 가리키면서

"저는 옳을 가(可)자로 아버님께 한 잔 올리겠습니다."

노인은 의아한 표정으로 며느리가 손가락으로 가리키는 곳을 잠시 들여다보다가는 그제서야 고개를 끄덕이면서,

"그래, 맞다, 맞아. 오른발은 가로로 똑바로, 왼발은 세로로 똑바로, 그 사이에 귀여운 입 구(口)자가 있으니 틀

림없이 옳을 가(可)자로구나. 고맙다, 고마워······."

노인은 무척이나 흡족한 표정으로 잔을 받아 마셨지만 마시면서도 곁눈질로 며느리의 그 입 구(口)를 슬쩍 훔쳐보고는

"하지만 가(可)자의 입(口)이 약간 비뚤어졌군 그래···."

노인의 말에 장내 모두가 크게 웃었다. ♣♣

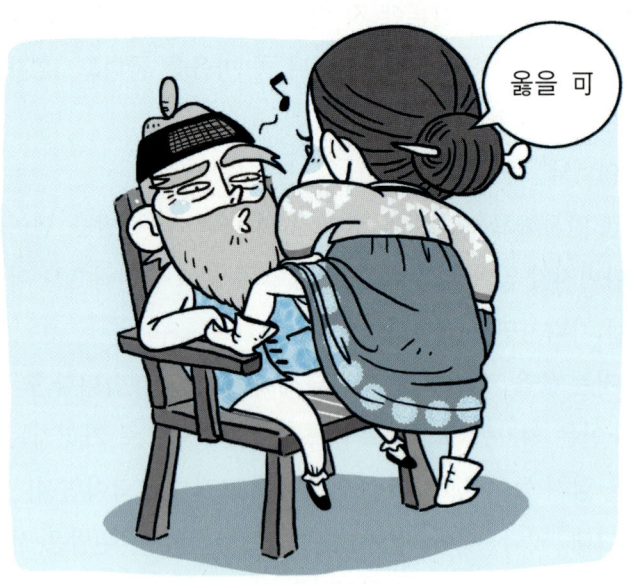

부(賦)자

　어떤 벼락부자가 밤낮으로 도둑 걱정만 하고 있었다.
　어느 날 친구와 함께 '강심사(江心寺)'라는 절에 산책을 갔다가 벽에 '강심의 부(江心的賦)'라는 제목의 시가 적혀 있는 것을 보고는 갑자기 안절부절 못하며 돌아가자고 서둘렀다.
　친구가 연유를 묻자,
　"강심의 도적이 여기 있다."
는 것이었다.
　친구가
　"저건 부세 부(賦)자지, 도둑 적(賊)자가 아닐세."
라고 일러주어도 벼락부자는 듣지 않고,
　"아닐세, 부세 부자는 틀림없지만, 역시 도둑 적자와도 약간 닮았으니 어서 가세나." ♣♣

Joke & Humor

만(萬)씨 성

낫 놓고 'ㄱ'자도 모르는 부자가 있었다. 어떤 사람으로부터

"하다못해 자식만이라도 글을 배우게 하는 것이 좋지 않겠는가?"

라는 조언을 듣고,

지당한 말이라 생각하여 바로 가정교사를 초빙하여 아들로 하여금 글을 배우게 했다.

가정교사는 우선 一자를 써 놓고 아이에게 덧쓰게 하면서

"이것이 한 일(一)자이다."

라고 가르쳤다.

다음에는 二자를 써서 역시 아이로 하여금 덧쓰게 하면서

"이것은 두 이(二)자이다."

라고 가르치고, 이어서 三자를 덧쓰게 하면서

"이것이 석 삼(三)자이다."

라고 가르쳤다.

그러자 아이는 즐거워하면서 붓을 내어던지고 아버지에게로 달려가

"이제 글자는 다 알았습니다. 그러니 선생님은 필요없어요."

라고 했다.

그래서 아버지는 가정교사에게 교습비를 지불하고 돌아가게 했다.

그로부터 며칠이 지났을 때, 부자는 만(萬)이라는 성씨의 사람을 집으로 초대하게 되었으므로 아들에게 초대장을 쓰라고 일렀다.

헌데, 아침에 일렀는데 저녁 때가 되어도 아직 작성하지 못한 것 같아 아버지가 재촉하려 하자 아들은 성깔을 부리며,

"수많은 성씨를 다 제쳐두고 왜 하필이면 만자 성씨를 골랐는지 모르겠네. 아침부터 지금까지 부지런히 썼는데도 아직 500획 정도밖에 쓰지 못했잖아요!"

라고 했다. ♣♣

차조기 소(蘇)자

차조기 소(蘇)자는 달리 蘓라고도 적는다.

어느 집에서 손님을 초대했는데 차려 온 생선 요리가 주인의 것은 크고 손님의 것은 작았다. 그것을 본 손님이 주인에게 물었다.

"소주(蘇州)의 소자는 어떻게 적습니까?"

"초 두 밑에 왼쪽에 고기 어(魚)자, 오른쪽에 곡식 화(禾)자를 쓰면 됩니다."

주인이 이렇게 대답하자 손님은

"고기 어(魚)자가 오른쪽에 붙는 글자도 있는 것 같은데, 왜 그럴까요?"

"고기 어자는 좌우 어느 쪽에 붙어도 상관없는 것으로 압니다."

그러자 손님은 즉시 자신의 생선과 주인의 생선을 바꾸어 놓고는

"그러니까, 이렇게 되어도 상관이 없다는 말씀이군요."♣♣

Joke & Humor

털빠질 독(禿)자

어떤 수재(秀才)가 승려에게 물었다.
"당신은 털빠질 독(禿)자를 어떻게 쓰는지 아시오?"
털빠질 독자는 스님에 대한 경멸의 뜻이기도 하다.
그러자 그 승려가 대답했다.
"수재의 빼어날 수(秀)자 엉덩이 꼬리를 구부리면 됩니다."

Joke & Humor

재(齋)자와 제(齊)자

스님과 여승이 사십구일재의 '재'자를 한자(漢字)로 어떻게 쓰느냐로 다투기 시작했다. 스님은 '다스릴 제(齊)'를 쓴다고 우기고, 여승은 '집 재(齋)'를 쓴다며 서로 자기 주장을 굽히려 하지 않았다.

그러다가 끝내 스님이 화를 내며,

"그대는 진작부터 내 것이 작다고 믿고 있었으므로 거기에 빗대어 '집 재'자를 쓴다고 우기는 모양이구려."

라고 했다. 그러자 여승은

"그대야말로 진작부터 내 것을 넓다고 믿고 있었기 때문에 그것을 빗대어 '다스릴 제'자를 쓴다고 우기는 것이겠지요."

라고 반박했다. ♣♣

7

Joke & Humor

이 세상과 저 세상

옥황상제

옥황상제(玉皇上帝)가 무료하여 하계로 내려와 토지신의 안내로 민정을 시찰하였다.

어떤 집 앞에 이르자, 옥황상제는 걸음을 멈추시고

"이 집에는 중병에 신음하는 사람이 있는 모양이니 도와주세나."

라고 하셨다. 토지신이 귀를 기울이고 들으니, 그것은 남녀의 환희의 소리였다.

"상제님, 저것은 병자의 신음 소리가 아니라 부부가 합궁을 즐기고 있는 소리입니다."

"합궁이란 뭔가? 여하간 안으로 들어가 시찰하세나."

하는 수 없이 토지신은 옥황상제를 모시고 방 안으로 들어갔다. 상제께서는 그들 부부의 합궁 모습을 물끄러미 보시고는

"이것이 합궁이라는 것인가, 인간이란 작자들은 별난 짓을 다 하는군. 밤에는 휴양하는 것이 좋을 텐데…. 무엇

때문에 숨을 헐떡이며 이런 짓을 한단 말인가…."
"자식을 만들기 위해 저러는 것입니다."
라고 토지신이 대답하자,
"음, 저렇게 해서 아이를 만드는구먼…. 그럼 도대체 일 년에 몇 명 정도 만드는가?"
"잘 해야 일 년에 한 명입니다."
"고작 일 년에 한 명인가? 그렇다면 저렇게 씩씩거리지 말고 좀 더 느긋하게 천천히 만들어도 될 것을…." ♣♣

새 우

한 스님이 몰래 새우를 사 와서 삶는 중에, 냄비 속의 새우가 파닥파닥 튀기 시작하자 합장하면서 새우를 향하여 빌었다.

"나무아미타불 관세음보살, 잠시만 참아라. 이제 곧 빨갛게 변하면 고통은 사라질 것이니라." ♣♣

방 생

  매에 쫓긴 참새가 스님의 소매 속으로 날아들었다. 스님은 참새를 거머잡고는
  "나무아미타불 관세음보살, 오늘은 육식을 하게 생겼네."
라고 중얼거렸다.
  그런데 손바닥 안의 참새를 보니 눈을 감고 움직이지 않아 죽은 것으로 판단하여 손바닥을 폈다. 순간, 참새는 번개처럼 날아가 버렸다.
  스님은 혀를 차며 말했다.
  "나무아미타불 관세음보살, 방생시켜 주었노라." ♣♣

요리는 사양

어느 부자집 연회에 스님이 초대되어 갔다.
주인이
"스님은 약주는 드시지 않으십니까?"
라고 묻자, 스님은 합장하면서
"나무아미타불, 고맙습니다. 술은 들겠습니다만 요리는 사양하겠습니다."
라고 대답했다. ♣♣

파계승

어느 귀인이 절에 갔을 때 스님에게 물었다.
"스님은 생선을 드십니까?"
"자주는 먹지 않지만 술을 마실 때는 조금 먹습니다."
"아니, 술도 마신다는 말입니까?"
"아닙니다, 평소에는 삼가합니다만 장인 영감님이 오실 때는 같이 마십니다."
"뭐? 장인이라고? 그렇다면 마누라도 있다는 말이로군, 아니되겠군! 당장 관가에 고발하여 도첩(승려의 면허장)을 거두게 해야겠군!"
귀인이 못마땅한 얼굴로 질책하자,
"그럴 필요도 없습니다. 도첩은 이미 재작년 소승이 절도질하다 들켰을 때 몰수 당했습니다." ♣♣

Joke & Humor

선 장

어느 지방의 귀인이 산사를 방문하자 승려들이 모두 일어나 맞이했지만 자리에 그대로 앉아 쳐다만 보는 승려 한 사람이 있었다.

"그대는 어찌 일어서지 않는가?"
라고 귀인이 묻자, 그 승려는
"일어서는 것은 서지 않는 것이요, 일어서지 않는 것은 일어서는 것입니다."
라고 대답했다.

"옳커니, 그러한가."
귀인은 말이 끝나기 무섭게 옆에 서 있는 주지 스님의 선장(禪杖, 스님의 지팡이)을 빼앗아 그 승려의 대머리를 한 대 내리쳤다.

"나무아미타불, 아이구 아야! 왜 때리십니까?"
"그대 머리를 친 것은 치지 않은 것이요, 치지 않은 것은 친 것이니라." ♣♣

향주머니

어떤 스님이 방으로 들어가면 늘 문을 걸어 잠그고는 끊임없이 "아유, 귀여워라, 귀여워라."를 되풀이하였다. 제자들이 이를 수상하게 생각하여 스님이 출타한 틈을 타 자물쇠를 열고 방에 들어가 보았다.

그러나 방에는 아무도 없고, 의심나는 물건도 없었다. 겨우 찾아낸 것이라곤 침대 위에 놓여 있는 여성용 향주머니 뿐이었다.

제자들은 여기에는 필시 무슨 곡절이 있을 것이라 생각하여, 주머니 속의 향을 쏟고, 대신 그 속에 닭똥을 담아 두었다.

스님은 외출에서 돌아오자 평소와 마찬가지로 문을 걸어 잠그고는 향주머니를 어루만지면서, "어유, 귀여워라, 귀여워라."라고 읊조리다가 곧 "나무아미타불, 이게 어찌 된 영문인가, 혹시 방귀를 꾸셨나?"라며 의아해 했다. ♣♣

속마음

어느 승려가 길을 가다 강가에 이르자,
"나무아미타불 관세음보살, 사공님, 소승을 그 배에 태워줄 수 없겠습니까?"
라고 사정했다.
사공은
"보시다시피 이 배에는 아녀자들이 여러 명 타고 있습니다. 그러니 강을 다 건널 때까지 눈을 꼭 감고 있겠다고 약속한다면 태워 드리지요."
"고맙습니다. 약속하겠습니다."
승려는 배에 올라 약속한 대로 눈을 감고 한쪽 구석에 조용히 앉아 있었다.
마침내 배가 건너편 나루에 이르자, 사공이
"자, 다 왔습니다. 일어서시오."
라고 했다.
승려가 일어서 내리려 하자, 사공은 느닷없이 손바닥으

로 승려의 대머리를 한 대 후려쳤다.

"나무아미타불 관세음보살, 나는 약속대로 쭉 눈을 감고 있었는데 어찌 때리는 것입니까?"
라고 항의하자, 사공은

"눈은 감았지만 강을 건너오는 동안 당신 마음 속에는 줄곧 엉큼한 생각이 맴돌았을 거 아니오."♣♣

Joke & Humor

정진요리

　백련교의 승려가 정육점과 이웃하여 살고 있었다. 승려는 늘 정육점 주인에게
　"살생을 하면 안 됩니다. 나와 함께 정진합시다."
라고 권유하였지만 물론 정육점 주인은 듣지 않았다.
　그 후 승려가 죽었다. 그리고 몇 년 후 정육점 주인도 사망했다. 정육점 주인이 지옥의 출입문까지 가자 그곳에서 마침 백련교의 승려와 마주쳤다.
　"아니, 스님은 어찌 이런 곳에 서성이고 있습니까? 벌써 다시 태어나 천상(天上) 세계로 가 계실 것으로 믿었는데……."
　정육점 주인이 의아해하자, 승려는
　"나는 여기서 당신이 오기를 기다린 것이요. 당신을 함께 천상 세계로 데려가려고 말입니다."
　둘이 함께 지옥문을 들어서자, 옥졸이 염라대왕 앞으로 인도해 갔다. 대왕이 먼저 정육점 주인에게 질문했다.

"그대는 전생에 어떤 죄업을 범했는가?"

"예, 한평생 오로지 도살업(屠殺業)을 이어 왔습니다."

정육점 주인이 이실직고하자, 대왕은

"오! 보살업(菩薩業)이라. 그럼 극락정토로 다시 태어나게 하겠노라."

라고 했다.

이어서 승려에게 물었다.

"그대는 전생에 무슨 죄를 지었는가?"

"죄를 지은 적은 한 번도 없습니다. 한평생 오직 선업(善業)에 정진하여 왔습니다."

승려가 대답하자, 대왕은

"뭐, 선어(뱀장어)에 정진(요리)하여 왔다는 말인가, 수많은 생명을 죽인 죄로 그대는 축생으로 다시 태어나게 하겠노라."

라고 선언했다.

정육점 주인이

"극락정토까지 가는 길은 어느 정도 되는지요?"

라고 질문하자, 대왕은

"얼마라고 표현하기 어려울 정도로 먼 곳이라네, 당나귀를 한 마리 줄 테니 그걸 타고 가게나."

라고 했다.

　옥졸이 대왕에게,

　"당나귀는 어느 것으로 배당할까요?"

라고 하자, 대왕은

　"조금 전, 선어에 정진했다는 승려가 있었느니라. 그 자를 당나귀로 환생시켜 태우고 가도록 하여라."

라고 했다. 그리고는 옥졸을 시켜 당나귀 가죽을 한 장 가져와 승려의 몸에 씌우자, 승려는 바로 한 마리의 당나귀로 변했다.

　"자, 이 당나귀를 타고 가시오."

　옥졸이 정육점 주인에게 당나귀를 넘기자, 당나귀가 울먹이는 소리로

　"정육점 주인님, 주인님도 아시다시피 저는 전생에서 한평생 정진요리만 먹어 힘이 없습니다. 그러니 타실 적에 살며시 올라타 주십시오." ♣♣

입은 화근의 문

 어떤 관리가 죽어서 염라대왕 앞에 불려 나갔다. 그러자 저승의 서기가 앞으로 나와 대왕에게 보고했다.
 "이 자는 인간 세상에 살 때 일생동안 사람들의 약점을 들추어 내어 재물을 약취하고 무고한 백성에게 얼토당토 않는 죄를 뒤집어 씌어 법을 유린한 자이옵니다. 그러므로 우리 저승법에 따라 이 자를 지옥의 큰 불가마에 던져 넣고 500억 근의 장작불에 삶아 내는 것이 지당할 것이라 생각되옵니다."
 "그렇게 하도록 하여라."
 대왕의 판결이 떨어지자 곧 지옥의 옥졸이 달려들어 사내를 끌고 지옥으로 향했다. 가면서 사내는 옥졸에게 슬며시 물었다.
 "당신의 직책은?"
 "나 말이오? 나로 말하면 큰 불가마의 현장 주임이오, 불가마로 다스리는 형은 모두 내 소관이오."

"아유! 몰라뵈었습니다. 현장 주임이라면 집행의 실제 책임자군요. 총 책임자이신 분이 어찌 그런 너덜너덜한 표범 가죽 옷을 걸치고 계십니까?"

"이게 저승의 재복이니까 벗을 수 없어서요. 저승에는 표범 가죽을 취급하는 곳이 없으므로 어쩔 수 없이 계속 입는 거요. 만약 인간 세계의 사람이 표범 가죽을 태워 준다면 그것이 내 손에 들어오겠지만 당신도 알다시피 나는 인간 세계에서도 기피 대상이기 때문에 아무도 태워 보내주는 사람이 없구려."

"사실, 이 사람의 처가집 큰 처남은 세상이 알아주는 사냥꾼입니다. 표범의 가죽이라면 처가집에는 여러 장이 있습니다. 만약 주임님께서 저를 불쌍히 생각하시어 장작불을 줄여 무사히 인간 세계로 다시 돌아가게 해 주신다면 주임님을 위해 표범 가죽 10장을 태워 드리겠습니다. 그것으로 제복을 세로 지어 입으신다면 주임님의 권위는 크게 돋보이실 것입니다."

현장 주임은 크게 기뻐하며,

"알았소, 내 부하들에게 당부하여 가마솥 물을 미지근하게 데울 정도로만 하겠소. 그렇게 하면 당신은 고통도 없을 것이고 서둘러 인간 세계로도 귀환할 수 있을 것이오."

"잘 부탁합니다."

사나이는 지옥의 큰 가마 속에 던져졌지만 주임과 그 밑의 부하들의 배려로 무사히 형을 마치고 가마에서 나와 인간 세계로 돌아가게 되었다. 지옥의 현장 주임이 다시 한 번 당부하여,

"표범 가죽을 잊지 마시오!"

라고 하자, 사나이는 히죽이 웃으면서

"내 다음과 같이 시를 지었기에 이별의 정표로 주임님께 드립니다.

불가마의 주임은 들을지어다.

권세는 대왕에게 있지 그대에게 없으며

장작불을 주릴 수는 있으되,

법을 짓밟고 어찌 표피를 구하려 하나!

어떻습니까? 멋진 시가 아닙니까?"

현장 주임은 크게 노하여 당장 사나이를 잡아들여 다시 큰 가마 속에 던져 넣고 500억 근에다 지난번 덜 태운 장작까지 합해 불태웠다.

참으로 입은 화근의 관문이다. ♣♣

가난한 서생

　어떤 명망가가 죽어서 염라대왕 앞에 불려 나갔다. 대왕은 서류를 검토한 연후에
　"그대는 전세에서 영화를 누렸으니 이번에는 서생으로 환생시키고, 자식은 다섯을 점지하겠노라."
라고 선고했다.
　그러자, 서기가 한 발 앞으로 나서면서
　"대왕님, 이 자는 생전에 영화를 다한 자입니다. 그런데도 또 다시 좋은 신분으로 환생시킨다는 것은……."
라며 의의를 제기하자, 대왕은 미소 지으며 말했다.
　"너는 인간 세계의 사정을 모르니까 그러는 모양인데, 가난한 서생에게 자식 새끼 다섯은 등뼈가 녹아나는 고생일 텐데……." ♣♣

Joke & Humor

의 사

염라대왕이 옥졸에게 인간 세계로 나가 명의를 찾아 오라고 명령하면서

"병원 문전에 원망하는 망령이 서성이지 않는 의사가 명의이니라."

라고 일렀다.

옥졸이 곧장 인간 세계로 출장을 가 명의를 찾았지만 어디를 가도 병원 문전에는 많은 망령이 서성이고 있었다. 헌데, 어떤 의원 앞에 이르자, 단 한 사람의 망령만이 웅크리고 있었다.

"오! 드디어 찾았구나! 이자야말로 틀림없이 명의일 것이야."

라고 생각하며 근처의 사람에게 물었더니, 그 의사는 바로 어제 간판을 내건 신출내기 의사였다. ♣♣

도깨비 얼굴

 평소에 도깨비 얼굴을 잘 흉내 내어 사람들을 웃겼던 사내가 죽어 염라대왕 앞으로 불려 나갔다.
 대왕은 사내에게
 "그대는 전생에 무엇이 특기였나?"
라고 질문을 했다.
 "예, 도깨비 얼굴을 흉내 내어 사람들을 웃기는 것이 특기였습니다."
 그러자, 대왕은
 "나는 철면을 쓴 염라대왕으로 불리우며, 이제까지 단 한번도 웃어본 적이 없었노라. 그대가 만약 나를 웃길 수 있다면 그대를 천상 세계로 환생시켜 주겠노라."
라고 했다.
 그 자리에서 사내가 도깨비 얼굴 흉내를 내어 보이자 대왕은 당장에 '하하하' 하고 크게 웃으면서 우두와 마두에게
 "이 사람을 천상 세계로 안내해 드려라."

라고 명령했다.

　우두와 마두가 사내를 천상 세계로 안내하는 도중, 사내 앞으로 나와 무릎을 꿇더니,

　"대왕님은 매우 엄격한 분이어서 저희들은 조마조마한 마음으로 살아왔습니다. 행여 저희들도 선생님처럼 도깨비 얼굴 흉내를 내어 대왕님을 웃길 수 있다면 얼마나 좋겠습니까? 저희들을 불쌍히 여겨 부디 그 비법을 가르쳐 주십시오."

라고 사정했다.

　그러자 사내는

　"내가 당신들에게 가르치다니……."

라며 주저하다가 언뜻 생각이 난 듯,

　"잠깐, 두 분 얼굴을 들고 잘 보여 주시오."

라고 했다.

　우두와 마두가 얼굴을 들자, 사내는 그 얼굴을 곰곰이 살펴보고는

　"그것으로 충분하네요. 저는 사실 당신들의 얼굴 흉내를 낸 것이니까요." ♣♣

*우두 : 몸은 사람이고, 머리는 소 모양인 지옥의 옥졸
*마두 : 머리는 말 모양이고, 몸은 사람처럼 생긴 지옥의 옥졸

검은 고양이

 어떤 남자가 태어나면서부터 게으름뱅이어서 몸을 움직이는 것조차 귀찮아했다. 심지어 세 끼 식사조차 입을 움직이는 것이 수고롭다며 굶고, 꾸벅꾸벅 졸기만 하다가 끝내 굶어 죽고 말았다.
 이 사내가 죽어 염라대왕 앞으로 불려 나가자, 대왕은 서류를 훑어본 후에
 "너와 같은 게으름뱅이는 이 저승에서도 찾아보기 어렵다. 그러니 벌로 고양이로 환생시키겠다."
라고 했다.
 그러자 사내는 신기하게도 입을 열어
 "대왕님 한 가지 소원이 있습니다."
 "그래, 뭐냐?"
 "대왕님의 너그러운 자비로 몸의 털은 모두 검은색으로, 그리고 코 끝만은 흰 색깔로 남겨 주시길 바라옵니다."
 "거참, 알다가도 모를 일이로구나. 그런 고양이가 인간

세계에서는 귀여움을 받아선가?"

"아니올시다. 그런 의도에서 부탁드린 것이 아니옵니다."

"그럼 왜 그런 고양이를 소원하느냐?"

"예, 그런 고양이로 태어나게만 해 주신다면 저는 편안하게 어두운 그늘에서 자고만 있을 수 있기 때문입니다. 쥐들이 저의 흰 코를 보고 그것이 경단인 것으로 생각하여 먹으려고 저의 입 앞까지 접근해 올 것입니다. 그렇게 되면 한 입으로 쥐를 잡아먹을 수 있어 번거로움을 피할 수 있으리라 사료되기 때문입니다." ♣♣

Joke & Humor

군 침

평생동안 정진(精進)을 지켜온 남자가 죽어서 염라대왕 앞으로 불려 나갔다. 대왕은

"소원이 있으면 말해 보거라."

라고 했다.

"예, 저는 평생동안 정진을 게을리하지 않았으므로 다시 한 번 인간으로 환생시켜 주시기를 소원하는 바입니다."

"정진을 게을리하지 않은 자들은 대개 천상 세계로 환생시켜 주기를 원하는데 그대는 어찌하여 인간 세계로의 환생을 원하느냐?"

대왕이 반문하였지만 사내는 대답하지 않았다.

그러자 대왕은 서기에게

"이 자의 배를 갈라 속에 있는 것을 살펴보라."

고 명령했다.

서기가 사내의 배를 갈라 보자 속에는 군침뿐이었다. 대왕은 그것을 보고,

"이 자가 다시 한 번 인간 세계로 환생하기를 원하는 이유를 알겠구나. 다시 태어나면 이번엔 배가 부르도록 고기를 먹고 싶다는 속내에서이다. 이 자를 아귀의 지옥으로 내려 보내라." ♣♣

* 정진(精進) : 세속의 인연을 끊은 채 재계와 채식을 하면서 불도에 몸을 바치는 것
* 아귀 : 굶어 죽은 귀신이라는 뜻

당나귀의 거시기

 어떤 사내가 죽어서 염라대왕 앞으로 끌려 나갔다. 대왕은 서류를 살펴본 후에
 "그대는 생전에 못된 짓을 너무 많이 저질렀으니 그 벌로 이번에는 당나귀로 환생시키겠노라."
라고 했다.
 하지만 그 사나이는 너무 많은 못된 짓이라는 것이 한 가지도 기억나지 않으므로 적극 변명한 결과 다행히 의혹이 풀렸다.
 그러자 대왕은
 "서류가 뒤바뀐 것을 잘못 읽은 내 불찰이다. 그대를 원래의 모습으로 환생시켜 인간 세계로 보내겠다."
라고 했다.
 사내는 크게 기뻐하며 서둘러 집으로 돌아왔다. 하지만 집으로 돌아온 뒤에야 비로소 거시기 하나만은 당나귀의 것 그대로인 사실을 깨닫고는

"아차, 내가 너무 서둘렀기 때문에 대왕님이 교체하는 것을 잊으셨군, 다시 저승으로 가서 바꿔 달고 와야겠다."
고 하자, 아내가
"저승에 돌아가면 다시는 못 올 지도 모르잖아요."
라며 말렸다.
"아니요, 대왕님은 사리가 분명한 분이니까 그런 염려는 안 해도 되오."
"그렇지 않아요. 사리 판단이 분명한 분이라면 처음부터 뒤바꾸어진 서류를 가지고 사람의 간담을 그렇게 서늘하게 하셨겠어요. 가지 말고 나는 그 거시기로 참겠으니 당신도 그대로 참고 견딥시다." ♣♣

Joke & Humor

청복(淸福)

어떤 사내가 죽어서 염라대왕 앞으로 불려 나갔다. 대왕은 옥졸이 제출한 서류를 자세하게 살피고 나서 물었다.

"그대는 전생에 많은 선행을 했군. 그래 천상 세계든 인간 세계든 그대가 소원하는 곳으로 보내 주겠노라. 어느 곳을 원하는고?"

"인간 세계로 보내 주십시오."

"알았다. 그대를 인간 세계에 보내 부자로 살게 해 주겠다."

그러자 사내가 말했다.

"대왕님, 은혜는 고맙지만 이 사람은 부귀는 원하지 않습니다. 다만, 일생동안 의식주에 부족함이 없고 향을 피우고 차를 마실 수만 있다면 그것으로 만족하겠습니다."

그러자 대왕이

"돈을 원한다면 몇 만금이라도 주겠지만, 그대가 원하는 그런 청복은 줄 수 없구나. 만약 인간 세계에 그런 청복이 존재한다면 내가 따라가 살고 싶구나." ♣♣

8

Joke & Humor

인터넷 유머

Joke & Humor

[왜 하필이면 이때!]

불경기가 몇 달째 이어져 집 한 채도 중개하지 못한 부동산 중개업자가 집을 보러 온 부부에게 집을 팔기 위해 입에 침이 마르도록 온갖 허풍을 떨고 있었다.

"이곳은 한국에서 가장 아름다운 곳입니다. 이 맑고, 투명하고 상쾌한 공기를 보십시오. 그리고 저 푸르른 숲들, 그러니 여기 사는 사람들은 절대 병에 걸리거나 죽을 염려라곤 없습니다."

그런데 바로 그때 장례 행렬이 그 집 앞을 지나가고 있었다. 당황한 부동산 중개인은 태연하게 외쳤다.

"쯧쯧! 가엾은 의사 선생, 환자가 없어서 굶어 죽다니!"

Joke & Humor

확실한 처방전

화가 잔뜩 난 표정으로 약국을 찾아간 어떤 아낙네가 약사에게 비소를 달라고 주문했다.

"비소요? 그건 독극물인데 어디에 쓰실 건가요?"

약사를 한번 훑어 본 아낙네는 흥분된 어조로 말했다.

"남편에게 먹일려고요."

"예? 어찌 그런 끔찍한 짓을, 그런 의도라면 절대로 팔 수 없습니다."

아낙네는 핸드백에서 사진 한 장을 꺼내 약사 앞에 내밀었다.

그 사진은 약사의 아내와 그녀의 남편이 부등켜 안고 키스하는 장면을 촬영한 것이었다.

사진을 본 약사의 얼굴이 벌겋게 상기되면서,

"이런! 처방전을 가지고 오신 줄은 미처 몰랐습니다. 지금 당장 드리겠습니다." ♣♣

엄처시하

자칭 타칭 공처가인 맹구씨가 아내의 쇼핑에 들러리로 나섰는데 백화점에서 이것저것 둘러보는 사이에 호랑이 같은 마누라를 놓쳐버리고 말았다.

아무리 둘러보아도 아내의 모습을 찾을 길이 없고, 집에 가서 된통 당할 일을 생각하니 등줄기에 식은 땀이 흐를 지경이었다.

그때 퍼뜩 한 가지 생각이 떠올라, 앞을 지나가는 한 섹시한 여인에게 다가가

"저, 제가요 집사람을 잃어버렸는데 단 몇 분만 저랑 이야기 좀 하실래요?"

"네? 댁의 집사람을 잃어버렸는데 왜 저하고……."

"내 마누라가 말입니다. 내가 다른 여자와 이야기하고 있으면 아주 귀신같이 나타나거든요." ♣♣

---

* **엄처시하(嚴妻侍下)** : 아내에게 쥐여사는 남편의 처지를 놀림조로 이르는 말

Joke & Humor

앗, 실수

    파티에서 한 남자가 술에 취한 척하고 빵빵하게 생긴 여자를 뒤에서 슬쩍 껴안았다.
  "죄송합니다. 부인. 제 아내인 줄 알고 ……."
  그러자 여자가 돌아서 방긋 웃으며 말했다.
  "사과할 것 없어요. 바로 저예요. 여보." ♣♣

Joke & Humor

집들이

결혼 10년 만에 집을 장만한 김대리가 처음으로 친구들을 집으로 초대했다. 집안을 구석구석 안내하는 중에, 한 친구가 마당 구석에 있는 큰 개집을 발견하고는
"자네가 개를 좋아하는 줄은 몰랐네. 그런데 개는 어디 있나?"
그러자 난처한 표정으로 잠시 머뭇거리던 김대리는
"아, 저 개집 말인가? 저건 내가 술 마시고 집에 늦게 들어왔을 때 마누라가 문을 안 열어주면 임시로 사용하는 내 침실이라네." ♣♣

Joke & Humor

의리 있는 친구들

매일 남편의 귀가 시간이 늦어지는 것에 의심을 품은 아내가 오늘도 자정이 넘어도 남편이 들어오지 않자 남편의 친한 친구 다섯 사람에게 문자 메시지를 보냈다.

"아직 남편이 들어오지 않았는데 혹시 댁에 계시는지요."

잠시 후 다섯 사람 모두에게서 똑같은 회신이 왔다.

"우리집에 와 있으니 걱정하지 마세요."♣♣

Joke & Humor

형사와 도둑의 대화

40대 중반의 남자가 절도 혐의로 형사실에 잡혀와 조사를 받았다.

형사 : 직업이 뭐요?

도둑 : 빈부 차이를 없애려고 밤낮으로 노력하는 사회운동가입니다.

형사 : 당신은 공범 없이 꼭 혼자하는데 짝은 없소?

도둑 : 세상에 믿을 놈이 있어야지요.

형사 : 마누라도 도망갔다면서?

도둑 : 그거야 도로 훔쳐오면 되죠.

형사 : 도둑은 휴가도 안 가요?

도둑 : 잡히는 날이 휴가인 걸요.

형사 : 당신은 아들 학적부에 아버지 직업을 뭐라고 적어야 하겠소?

도둑 : 귀금속 이동 센터 대표가 적절하겠지요.

형사 : 당신이 가장 슬펐던 때는 언제였소?

도둑 : 내가 훔친 다이아몬드 반지를 마누라가 팔러 갔다 날치기 당했을 때였습니다.

형사 : 그때 마누라는 뭐라고 하던가요?

도둑 : 본전에 팔았다고 하대요.

형사 : 그래, 아이 교육은 어떻게 시키려는 거요?

도둑 : 우선 바늘 훔치는 법부터 가르쳐야죠.

형사 : 도둑질 중 가장 인상 깊었던 적은?

도둑 : 고급 공무원 집이었는데, 물방울 다이아몬드를 훔쳐 도망치다 경찰한테 잡혀 그 집으로 끌려갔는데, 주인이 당황하며 "그건 내가 준거요."라며 둘러 대더군요. 정말 장발장 생각 나던데요.

형사 : 당신은 참 솔직하군. 감형되도록 내 조서를 좋게 작성해 드리겠소.

도둑 : 감사합니다. 얼마나 살 지 모르겠지만 출소하게 되면 제가 훔친 것 중 가장 좋은 것으로 보답해 드리겠습니다. ♣♣

여자와 수박

만난 지 몇 개월 된 커플이 있었다. 그런데 진도를 좀 더 나가고 싶은 남자는 어떻게든 여자와의 잠자리를 노리고 있었다.

하지만 여자는 결혼을 약속하기 전까지는 안 된다며 남자의 요구를 완강하게 거절했다.

이에 심술이 난 남자가 여자에게

"수박 한 통을 사더라도 잘 익었는지, 안 익었는지 먼저 따 보고 산다는 거 몰라요?"

그러자 여자가

"그럼 한 번 따버린 수박은 안 팔린다는 거 아시죠."♣♣

Joke & Humor

아내가 받은 20만원

부부가 샤워를 하는 중에 초인종이 울렸다. 누가 가서 문을 열어 줄 것인지 잠시 옥신각신하다가 아내가 양보하고 급히 타월을 두르고 아래층으로 내려갔다. 문을 열자 옆집 총각인 영구가 서 있었다.

여자가 왜 왔느냐고 묻기도 전에 영구가

"아주머니, 20만원을 드릴 테니 몸에 두르고 있는 타월을 풀어보세요."

잠시 망설이던 여자는 타월을 풀고 영구에게 알몸을 보여줬다. 알몸을 감상한 영구는 20만원을 건네고는 돌아갔다. 여자는 어리둥절하면서도 일단 횡재한 것에 기분이 좋아 다시 타월을 걸치고 2층으로 올라갔다.

그 사이 샤워를 끝내고 욕실에서 나오던 남편이

"누구였소?"

"옆집 영구였어요."

"오, 그래? 나한테 빌려간 20만원 가져왔나보군!" ♣♣

황당한 부부

 어떤 가족이 승용차를 타고 고속도로를 달리는데 경찰이 차를 세웠다. 운전자가 경찰에게 물었다.
"제가 무슨 잘못을 했나요?"
경찰이 웃음을 띠며
"아닙니다. 선생님께서 안전하게 운전을 하셔서 이 달의 운전자로 선정되었습니다. 축하합니다. 상금이 100만원인데 어디에 쓰실 생각이십니까?"
"그래요? 감사합니다. 우선 운전 면허를 따는 데 쓰겠습니다."
그러자 옆자리에 앉아 그의 아내가 황급히 말을 잘랐다.
"아, 신경쓰지 마세요. 저희 남편이 술만 마시면 농담을 잘하거든." ♣♣

죄수의 소원

 어느 겨울날, 죄수의 사형 집행일이 다가오자 교도관이 그 죄수에게
 "내일이 집행일이오. 소원을 한 가지 들어줄 테니 말해 보시오."
 그러자 죄수는
 "딸기를 먹고 싶소."
라고 했다.
 겨울에 딸기를 구할 길 없는 교도관은
 "지금은 겨울이라서 딸기가 없는데……."
라며 안타까워하자 죄수는
 "그렇다면 내가 내년 봄까지 기다려 드리면 어떻겠소?"

Joke & Humor

5대양 6대주

초등학교에 다니는 딸아이가 학교에 다녀와 숙제를 하는데, 과제는 5대양 6대주를 적어 오라는 것이었다. 아무리 책을 들춰 보아도 알 수 없자 아빠에게
"아빠, 5대양 6대주가 뭐예요?"
한참을 생각하던 아빠가,
"그거야 쉬운 문제지. 받아 적어라. 5대양은 김양, 이양, 박양, 최양, 정양이란다."
"그럼 6대주는요?"
"6대주는 소주, 맥주, 양주, 백세주, 포도주, 막걸리란다."
다음 날 학교에서 선생님께 야단을 맞고 집에 돌아온 딸아이가 아빠에게
"아빠, 숙제를 잘못하였다고 선생님께 혼났어요."
그러자 아빠는
"내 그럴 줄 알았다. 사실은 막걸리가 아니고 6대주에는 청주가 들어가야 했었는데……." ♣♣

Joke & Humor

질문하는 선생님

새로 전학 온 봉달이에게 선생님이 질문을 했다.

선생님 : 봉달아, 2 곱하기 2는 얼마지?

봉달이 : 저 집에 갈래요.

선생님 : 아니, 왜?

봉달이 : 전 선생님께 배우려고 왔는데 선생님께서 도로 제게 물으시니까요. ♣♣

생물 시험

생물 시험에
 '다음은 어떤 새의 발 모양인가?'
라는 문제가 나왔다.
 문제를 풀던 봉달이가 자리에서 일어나 선생님 앞으로 나갔다.
 "선생님, 도대체 발 모양만 보고 어떻게 새를 알아 맞힌단 말입니까? 얼굴이면 몰라도……."
 그러자 선생님은
 "다른 학생은 다 아는데 학생만 모른단 말인가. 학생 이름이 뭔가?"
 봉달이는 양말을 벗은 발을 교탁 위에 올려 놓으며,
 "어디 발만 보고 이름을 알아 맞혀 보세요." ♣♣

Joke & Humor

어느 버스 기사와 승객

어떤 신사가 버스를 탔다.

승객 : 이 차 어디로 갑니까?

기사 : 앞으로 갑니다.

승객 : 뭐예요? 여기가 어딘데요?

기사 : 차 안입니다.

승객 : 지금 장난하는 겁니까?

기사 : 운전하고 있습니다. ♣♣

산부인과

산부인과 병원에서 예비 아빠들이 아기가 태어나기를 기다리고 있었다.

간호사 : 쌍문동에서 오신 손님, 쌍둥이입니다.

아빠 1 : 나는 삼양동에서 왔으니 세 쌍둥이란 말인가?

아빠 2 : 나는 구의동에서 왔는데 그럼 아홉 쌍둥이란 말이오?

바로 옆에 있는 아빠 3은 기절을 했다.

아빠 1, 2 : 이보시오, 정신 차리시오!

아빠 3 : (겨우 정신을 차리며) 나는 천호동에서 왔는데 지금 정신을 차리게 됐소?

그런데 복도에 있던 한 남자가 죽었다. 알고 보니 그의 집은 만리동이었다. ♣♣

5분 생활 영어

삼촌이 조카한테 생활 영어를 배운 뒤 한 달이 지나 시험을 보게 되었다.

조카 : 삼촌, 제가 영어로 말할 테니 해석해 보세요.
　　　I am sorry.(아이 앰 쏘리 : 죄송합니다.)
삼촌 : 나는 쏘리입니다.
조카 : How do you do?(하우 두 유 두 : 처음 뵙겠습니다.)
삼촌 : 너 어떻게 그럴 수 있니?
조카 : May I help you?(메이 아이 헬프 유 : 뭘 도와 드릴까요?)
삼촌 : 너 5월에 나를 도와줄래?
조카 : yes, I can.(예스, 아이 캔 : 네, 할 수 있습니다.)
삼촌 : 네, 나는 깡통입니다. ♣♣

Joke & Humor

사돈 남말하네

아버지와 아들이 집을 고치고 있었다.
아버지 : 아들아, 뒷집에 가서 장도리 좀 빌려 달라고 해라.
바로 뒷집에 다녀온 아들이,
아들 : 장도리 닳는다고 안 빌려 주던데요.
아버지 : 구두쇠 같으니라고. 그럼 연장통에서 우리 장도리를 가져오너라. ♣♣

칠칠이와 팔팔이

 칠칠이가 산에 놀러 갔다가 보물을 발견했다. 칠칠이는 생각 끝에 땅속에다 보물을 묻고 내려오다가 자신이 묻은 곳을 못 찾을 것 같은 생각이 들어 다시 올라가 다음과 같은 글씨를 써 놓았다.
 "여기 칠칠이가 보물을 묻지 않았음."
 그 다음 날 팔팔이가 산에 올라가 놀다가 칠칠이가 써 놓은 글을 발견하고 그 보물을 훔쳐왔다.
 그리고는 칠칠이와 마찬가지로 글씨를 써 놓았다.
 "팔팔이는 보물을 가져가지 않았음."
 며칠 후 칠칠이가 보물을 가지러 산에 가 보니 팔팔이가 가져가지 않았다는 푯말만 남아 있었다.
 동네로 내려온 칠칠이는 사람들을 불러놓고 소리쳤다.
 "팔팔이 빼고 누가 산에 묻어 놓은 내 보물을 가져 갔는지 어서 순순히 자백하시오!" ♣♣

저승도 리모델링 중

어느 날 한 남자가 죽어서 저승으로 갔다. 평소에 얼마나 못되게 살았는지 제 발로 지옥을 찾아갔다. 그런데 지옥 문 앞에 당도해 보니 공사 중이라는 푯말이 붙어 있었다.

그는 투덜거리며 돌아서다가 지옥의 관리를 만났다.

"나으리, 무슨 공사를 하고 있습니까?"

"한국 사람들 때문에 리모델링하는 중일세."

"아니, 한국 사람 때문에 리모델링한다니. 그게 무슨 말씀입니까?"

"지금 온도로는 지옥이 제 구실을 못해서일세. 한국 사람들, 찜질방이다 불가마다 얼마나 많이 다니는가. 현재의 지옥불 정도로는 끄덕도 하지 않아서일세."

"그래도 그렇지, 이 지옥에까지 와서 끄덕도 하지 않다니요?"

"모르는 소리, 심지어는 '뜨뜻하다', '어! 시원하다' 라고까지 하니 기가 막힐 일이 아닌가."

그래서 그 남자는 발길을 돌려 천당으로 갔다. 그랬더니 천당도 역시 공사 중이었다.

마침 천당문을 걸어 나오는 한 천당 관리를 만났다.

"나으리, 여기는 왜 또 공사 중입니까?"

"한국 사람들 때문이야! 어찌나 성형 수술들을 하는지 본인 여부를 확인하는데 시간이 너무 많이 걸려 자동 인식 시스템을 깔고 있는 중일세." ♣♣

추 리

   유명한 탐정인 셜록 홈즈가 비서인 와트슨과 캠핑을 갔다. 그는 텐트를 치고 자던 중 한밤중에 와트슨을 깨워 질문을 했다.
"어이, 와트슨! 자네는 저 별을 보고 무슨 추리를 할 수 있겠나."
그러자 와트슨은
"오! 수백 만 개의 별이 보이네요. 저 많은 별들 중에는 지구와 같은 행성들이 있을 가능성이 크고, 지구와 같은 행성이 단 한 개라도 있다면 외계에 생명체가 있다는 추리를 할 수 있네요."
그러자 홈즈는
"이 아둔한 사람아! 발등에 불이 붙었는데 무슨 잔소리인가. 별이 보인다는 것은 누가 우리 텐트를 걷어 갔다는 사실 아닌가!"♣♣

Joke & Humor

할머니와 아가씨

 어느 전동차 안에서 날씬하고 키 큰 아가씨가 배꼽티를 입고 노약자석 앞에 서 있었다. 그런데 거기에 앉아 계시던 할머니가 살며시 미소를 지으며 그 아가씨의 배꼽티를 자꾸 밑으로 끌어내리는 것이었다.

 아가씨가 놀라서
 "왜 그러세요?"
라고 했지만, 할머니는 못 들으시고 계속 배꼽티를 더 끌어내리려고 하셨다.

 더는 참지 못한 아가씨가 멀찍이 다른 좌석 앞으로 옮겨 가자, 할머니는 기특하다는 듯
 "아이고, 착해라. 동생 옷을 물려 입고……, 요즘 저런 아가씨가 어디 있을까." ♣♣

Joke & Humor

가축 전시장

어느 부부가 같이 가축 전시장에 갔다.
첫 황소의 안내문에는
"지난 해 교미 50번"
이라고 적혀 있었다.
아내는 남편을 보고
"여보, 일년에 50번이나 했대요. 당신도 배워요."
다음 황소에는
"지난 해 65회 교미"
라고 적혀 있었다.
아내는 침을 삼키면서
"한 달에 다섯 번도 더 되네요. 당신도 배워요."
세 번째 황소에는
"지난해 365번 교미"
라고 적혀 있었다.
아내는 입이 딱 벌어지며,

"어머! 하루에 한 번이네요. 당신은 정말 배워야 해요."
라고 했다.

그러자 참다 못한 남편은 아내를 보고

"어디 365일 똑같은 암소하고만 했는지 가서 물어보구려!"♣♣

Joke & Humor

게으름뱅이 입상자

게으름뱅이 입상자가 발표되었다.

3등 : 내일 마저 수술한다며 환자의 수술한 곳을 열어 놓은 채로 퇴근하는 외과 의사

2등 : '어차피 벗을 텐데…….' 라며 집에서부터 옷을 벗고 공중 목욕탕에 가는 아저씨

1등 : "손들지 않으면 쏜다!"라는 강도의 위협 소리를 듣고도 귀찮아서 손을 들지 않아 총에 맞아 죽은 은행원

Joke & Humor

여성 상담원의 대답

가풍 있는 종가집 며느리가 드디어 아들을 출산했다. 산후조리가 끝나갈 무렵 어느 날, 며느리는 시어머니가 손자에게 젖을 물리고 있는 광경을 목격했다.

너무나 어이가 없어 남편에게 이 사실을 말했지만 남편은 관심 없다는 듯 묵묵부답이었다.

며느리는 화가 난 나머지 여성 상담소에 전화를 걸어 하소연했다.

며느리의 하소연을 들은 여성 상담원은 딱 한마디로 조언했다.

"맛으로 승부하세요!" ♣♣

Joke & Humor

미국에 간 길동이

길동이가 미국에 유학을 갔다. 첫날 학교가 멀어 차를 타고 가다 교통 위반으로 경찰에게 걸렸다.

교통 경찰이 문을 열며 면허증을 보여달라고 영어로 말하자, 영어가 서툰 길동이는 한국식으로 대강 말했다.

길동이 : Look at me one.(룩 엣 미 원 : 한 번만 봐 주세요.)

교통 순경이 길동이의 서툰 영어를 알아들었는지 차 안을 들여다보며 말했다.

순경 : NO, SOUP.(노 수프 : 국물도 없다.)♣♣

종철이 삼형제

 어머니가 아들 삼형제와 함께 살고 있었다. 아들들은 각각 초등학교 1, 2, 3학년이었다. 그런데 오늘따라 삼형제 모두가 도시락을 가져가지 않았다.

 어머니는 점심 때가 가까워지자 도시락을 가지고 학교로 달려가서 큰 소리로 큰아들을 불렀다.

 "종철아, 종철아!"

 깜빡 졸고 있던 수위 아저씨가 놀라 종을 쳤다.

 어머니는 큰아들 종철이가 대답하지 않자, 둘째를 불렀다.

 "또철아, 또철아!"

 그러자 수위 아저씨는 종을 또 쳤다.

 둘째인 또철이도 대답을 하지 않자, 어머니는 막내를 불렀다.

 "막철아, 막철아!"

 수위 아저씨는 종을 막 쳤다. ♣♣

조크 & 유머

2011년 2월 10일 인쇄
2011년 2월 15일 발행

편저자 : 정해상
펴낸이 : 남상호

펴낸곳 : 도서출판 **예신**
www.yesin.co.kr

140-896 서울시 용산구 효창동 5-104
대표전화 : 704-4233, 팩스 : 715-3536
등록번호 : 제03-01365호(2002. 4. 18)

값 9,800원

ISBN : 978-89-5649-087-8

* 파본은 교환해 드립니다.

Joke & Humor